V&R

Dienst am Wort

Die Reihe für Gottesdienst und Gemeindearbeit

Band 120

Vandenhoeck & Ruprecht

Gottesdienste unter freiem Himmel

Von der Sehnsucht nach dem Paradies

Dieter Kindler

Vandenhoeck & Ruprecht

Für meine Frau Monika,
für meine Töchter Kathrin und Esther,
für meine Eltern,
in Dankbarkeit!

Bibliografische Information der Deutschen Nationalbibliothek

Die Deutsche Nationalbibliothek verzeichnet diese Publikation in der
Deutschen Nationalbibliografie; detaillierte bibliografische Daten sind
im Internet über http://dnb.d-nb.de abrufbar.

ISBN 978-3-525-59529-9

Inhalt

Einleitung

Ein Sprichwort sagt: „In einem Garten ging das Paradies verloren, in einem Garten wird es wieder gefunden." Es gibt eine Sehnsucht nach dem Paradies, nicht nur in Urlaubsprospekten mit Bildern aus der Karibik, sondern auch beim Betrachten schöner Gärten. Die Entdeckung von Klostergärten mit ihren Heilkräutern, das Strömen von zahlreichen Besuchern zu Bundes- und Landesgartenschauen, das Pilgern durch die Natur und die damit verbundenen spirituellen Erfahrungen mit der Schöpfung spiegeln diese Sehnsucht wider. Es scheint, dass der Mensch wieder einen Zugang zum verlorenen Paradies sucht, denn der Mensch kommt ja aus dem Garten. In Genesis 2,15 heißt es: „Und Gott der HERR nahm den Menschen und setzte ihn in den Garten Eden, dass er ihn bebaute und bewahrte." Gott schafft dem Menschen einen ganz spezifischen Lebensraum, einen Garten, den Garten Eden. Dieser Garten gewährt Raum zum Leben.

Erfahrungen mit Gottesdiensten unter freiem Himmel zeigen, dass sich wieder Paradiestüren öffnen, wenn sich die Schönheit der Natur unmittelbar erfahren lässt im Kontext alttestamentlicher Beispiele wie vom Baum, der an Wasserbächen gepflanzt ist (Psalm 1,3) und jesuanischer Gleichnisrede, die die Lilien auf dem Felde (Matthäus 6,28) zum Inhalt hat.

Nach Martin Luther hat Gott sein Geheimnis nicht allein in die Bücher geschrieben, sondern auch in die Bäume. Ohne Zweifel gewinnt die Verbindung von Spiritualität und Natur immer mehr an Bedeutung, so dass Trendforscher schon von einem regelrechten Markt sprechen.

Eine Sinnsuche in Kombination mit sinnlichen Natur-erlebnissen darf sich allerdings nicht auf eine individuelle Naturmystik beschränken, sondern soll auf den Schöpfer selbst hinweisen.

Die zunehmende Beliebtheit von Gottesdiensten im Freien an Flüssen und Seen, im Wald und auf Bergeshöhen, auf Campingplätzen und in Parkanlagen, in Klostergärten und auf Gartenschauen erweist sich als eine große Chance christlicher Verkündigung.

Die folgenden Gottesdienste wurden unter freiem Himmel gehalten und erreichten nicht nur Menschen verschiedener Konfessionen, sondern auch Menschen, die mit dem sonn-täglichen Gottesdienst nicht unbedingt vertraut sind. So war es eine Grundvoraussetzung, die Gottesdienste ökumenisch auszurichten und liturgisch transparent zu gestalten.

Danken möchte ich allen, die mit ihren Ideen und Wort-beiträgen zur Gestaltung der Gottesdienste beigetragen haben. Gottesdienste im Freien sind deshalb immer auch Veranstal-tungen, die von einem Team nicht nur allein aus organisato-rischen Gründen mitgetragen werden sollten.

Den Lesern dieses Buches wünsche ich, dass sie etwas spüren von der spirituellen Atmosphäre der Gottesdienste. Unter freiem Himmel lassen sich ganz andere Erfahrungen machen als im Gotteshaus, gerade auch zu den Festen wie Ostern, Himmelfahrt, Pfingsten und Erntedank. Mögen die Entwürfe Anregungen sein für eigene Gottesdienste, die der Sehnsucht nach dem Paradies Ausdruck verleihen, den Umgang mit der Natur sensibilisieren und den Schöpfer loben.

Winsen(Luhe), im August 2007

Dieter Kindler

1 Der Gärtner im Olivenhain
Ostergottesdienst

Grußwort

Im Namen des Vaters, von dem alles Leben kommt.
Im Namen des Sohnes, in dem das neue Leben offenbar
wird.
Im Namen des Heiligen Geistes, der das Leben erhält
und verwandelt. Amen.

Eingangswort

Dies ist der Tag, den der Herr macht; lasst uns freuen und
fröhlich an ihm sein. *(Psalm 118,24)*

Persönliche Begrüßung

Frohe Ostern wünsche ihnen allen an diesem Morgen!
Frühlingserwachen um uns herum. Zartes Werden.
Knospen. Leben bricht auf.
Christuserwachen in uns. Zartes Sich öffnen.
Ein Stein fällt vom Herzen. Auferstehung.
Lassen Sie uns Osterspuren in diesem Gottesdienst
entdecken!

Lied
  Wach auf, mein Herz, die Nacht ist hin (EG 114,1–5)

Gebet

Gott,
tastend und suchend
gehen wir unsere Wege durch das Leben,
durch Talsohlen, auf eingetretenen Trampelpfaden.
Wir machen Sonntagsspaziergänge und gehen Alltagswege.
Dein Licht fällt auf diese Wege, und du bleibst uns auf der
Spur.
Heute wollen wir diesen besonderen Tag feiern
und dir danken für dein Licht.
Carpe Diem, wir nutzen diesen Tag für einen Neuanfang
mit dem Licht des heller werdenden Tages,
mit der Sonne, mit dem Osterlicht. Amen.

Lesung

Mit Gedanken der Dichterin Luise Rinser aus ihrem Tage-
buch der Jahre 1979–1982 unter dem Titel „Winterfrühling" möchte ich Sie einladen, Osterspuren zu entdecken:

„Ostermorgen. Vor Sonnenaufgang im Garten. Unter den Eichen
ein Teppich aus blauen Anemonen. Ich erbitte mir ein Zeichen,
einen himmlischen Gruß. Mitten unter hunderten von Anemonen
erscheint eine weiße. Eine einzige weitum.

Erinnerung an Jerusalem 1962: nicht gerade am Ostermorgen,
aber einige Tage zuvor führt mich ‚mein' Armenier, mein Guide
und schon Freund geworden, in den Ölhain, in dem das Grab Jesu
ist, wie viele glauben, und was sein kann. Gleichviel: wir sitzen
auf einer Bank in Grabesnähe, wir sind ganz allein zu solch früher
Stunde, die Vögel singen, wir sind ganz still. Da taucht zwischen
den Ölbäumen ein Mann auf, der Olivenhain-Wächter, der Gärtner.
Wir schauen beide zugleich hin, dann schauen wir uns an, unsre
Herzen klopfen. Ich stehe auf und gehe ein paar Schritte dem
Gärtner entgegen. Aber er ist nicht mehr da.

Da ich vorher in Bethlehem gewesen war und in Nazareth und
am See Genezareth und in Kanaan und in Bethanien und im
Garten der Todesangst und Verhaftung, und da ich den Kreuzweg

gegangen war bis zum Gerichtsgebäude und dann zur Schädel-
stätte – warum sollte ich ihn am Ende nicht eingeholt haben hier
beim Felsengrab?

Mein Armenier, guter Christ und guter leiderfahrener Mensch
(einer von denen, die als Kinder am Musa Dagh von den Türken ver-
schleppt worden waren), er ist blass geworden.

Wir suchen den Garten ab, aber da ist kein Gärtner und kein
Wächter."[1]

LIED

Gelobt sei Gott im höchsten Thron (EG 103)

Predigt zu Johannes 20,11–18

Wir kehren immer zurück zu den Orten, die wir betrauern.
Wir reisen in die Heimat, die wir verloren haben, an die
Orte, die uns vertraut waren – und sei es nur in Gedanken.
Wir lassen vergangene Jahre an uns vorbeiziehen. Horchen
in sie hinein, sehen uns und die Menschen, die damals Teil
unseres Lebens waren. Erinnern uns an die schönen und die
schwierigen Momente, an unbeschwerte Jahre. Vorbei, ver-
gangen. Über all dem liegt ein großer Abschied, der uns von
dieser Zeit und diesen Orten trennt. Unüberbrückbar. Und
doch kehren wir zurück, und sei es nur, um noch einmal, für
einen einzigen Moment in die Zeit vor dem großen Abschied eintauchen zu können. Noch einmal an dem Ort sein,
an dem unser Leben noch gut, unsere Träume noch wahr
waren. Als wir noch den Boden unter den Füßen hatten. Als
es völlig selbstverständlich war, dass es immer so weitergehen
würde. An vertrauten Orten, in einem Gleichtakt der Zeit,
der uns trug. Wir kehren zurück, wir erinnern uns, auch
wenn es uns schier zerreißt.

---

1 Rinser, Winterfrühling, 79.

Und wir kehren zurück zu den Menschen, die wir geliebt und verloren haben, weil sie gestorben sind. Wir gehen zu ihren Gräbern – um uns zu erinnern, aber vor allem: um uns um den geliebten Menschen zu kümmern. Damit es über die Erinnerung an Vergangenes hinaus auch in der Gegenwart etwas gibt, wodurch wir mit dem geliebten Menschen verbunden sind und ihm nahe sein können. Etwas Handfestes, das wir gestalten können. Etwas, wodurch wir unserer Trauer nicht einfach ausgeliefert sind. Wir brauchen sie, diese Trauerorte, an denen wir noch einmal festhalten dürfen und nicht immer loslassen müssen. An die wir zurückkehren dürfen und nicht immer weiter und immer weitergehen müssen. Einen Ort, an dem wir uns kümmern und noch einmal an Vergangenes rühren dürfen. In aller Ruhe und in aller Liebe.

Auch Maria Magdalena macht sich auf den Weg zum Grab, um sich zu kümmern. Am Tag nach dem Sabbat bricht sie frühmorgens auf, um den toten Jesus zu salben. Den Sabbat hat sie abwarten müssen, denn es ist untersagt, an diesem Tag Tote zu salben. Als sie zum Grab kommt, sieht sie, dass der Stein davor weggenommen ist. Ihr erster Gedanke: Jemand hat den Leichnam weggeschafft. Sie läuft zu den Jüngern, sagt, was passiert ist, und Petrus und der Lieblingsjünger rennen los. Nacheinander kommen sie am Grab an, gehen in die leere Grabhöhle. Sie sehen die Leichentücher, sehen das leere Grab – und gehen wieder nach Hause.

Maria, inzwischen ebenfalls wieder am Grab, bleibt. Und dann geschieht das, wovon unser heutiger Predigttext erzählt.

Maria stand draußen vor dem Grab und weinte. Während sie weinte, beugte sie sich in das Grab vor. Sie sieht zwei Engel in leuchtend weißen Gewändern dort sitzen, der eine am Kopfende und der andere bei den Füßen, wo der Leichnam Jesu gelegen hatte.

Sie sagen zu ihr: „Frau, warum weinst du?" Sie antwortet ihnen: „Sie haben meinen Herrn weggenommen, und ich weiß nicht, wo sie ihn hingelegt haben."

Nach diesen Worten drehte sie sich um und sieht Jesus dastehen, aber sie erkannte nicht, dass es Jesus ist. Jesus sagt zu ihr: „Frau, warum weinst du? Wen suchst du?" Sie meint, dass er der Gärtner sei, und sagt zu ihm: „Herr, wenn du ihn weggeschafft hast, sag mir, wohin du ihn gelegt hast, und ich werde ihn holen."

Da sagt Jesus zu ihr: „Maria." Sie wendet sich um und sagt zu ihm auf Hebräisch: „Rabbuni, das bedeutet: Meister. Jesus spricht zu ihr: „Fass mich nicht an! Denn ich bin noch nicht zum Vater aufgefahren. Geh zu meinen Geschwistern und sage ihnen: ‚Ich fahre auf zu meinem Vater und zu eurem Vater und zu meinem Gott und zu eurem Gott.'"

Maria Magdalena geht und verkündet den Jüngern: „Ich habe den Herrn gesehen, und dies habe er zu ihr gesagt."

Liebe Gemeinde,

Maria steht vor dem Nichts, als sie das offene Grab sieht. Sie ist gekommen, um sich zu kümmern, um mit Jesus noch einmal allein zu sein, ihn noch einmal zu berühren – und da ist: nichts. Ein offenes Grab, ein vermeintlich gestohlener Leichnam. Eine unerträgliche Leere in ihrer ohnehin schon aus den Fugen geratenen Welt. Kein Ort zu trauern, nirgends. Nichts, was sie mit der Vergangenheit, ihrer Vergangenheit verbindet. Dafür Unruhe, Laufen, hin und her. Die herbeigeholten Jünger tun nichts, gehen einfach wieder nach Hause. Und sie steht vor dem offenen Grab, vor dieser gähnenden Leere und weint. Wagt schließlich den Blick in die leere Grabhöhle. Wenigstens sehen, wo Jesus lag, letzte Spuren von ihm. Irgendetwas. Noch nicht einmal die Gestalten, die dort sitzen, lassen sie innehalten und bringen sie von ihrer Suche nach dem Leichnam ab. Sie sucht weiter, fragt den Gärtner, wie sie meint, erkennt nicht, wer da vor ihr steht, ist völlig gefangen von dieser Suche nach dem Toten. Kann nicht aufhören, voller Unruhe. Sucht und sucht. Und dann dieses eine Wort. Maria.

Ein Wort. Ausgesprochen von dem, der einmal und endgültig unserer verzweifelten Suche nach dem Toten ein Ende bereitet und uns ins Leben ruft. Ausgesprochen von dem, zu dem die Welt am Ende nichts anderes mehr sagen konnte als Tod. Von der Welt zum Sterben verurteilt, gekreuzigt unter dem Jubel der Menge, gestorben, begraben. Er, der das Sterben und den Tod abgeschritten hat bis in den letzten Winkel, er steht vor seinem eigenen Grab und ruft ins Leben. Maria.

In das Chaos ihrer Gefühle hinein, in die bodenlose Trauer, in die man fällt wie in einen Schacht, in ihr endloses Suchen hinein, wird ihr Name gesprochen, einmal, ganz ruhig. Maria. Und Maria wendet sich um, wendet sich ab von dem Grab, vom Toten, vom Vergangenen, das man gar nicht genug betrauern kann. Sie wendet sich um, sieht, hört, erkennt, wer da vor ihr steht und antwortet Rabbuni. Mein Herr. Rabbuni, eine Anrede, die noch verstärkt Zugehörigkeit und Bindung zum Ausdruck bringt. Für Maria heißt das Wort heute: Leben, mein Leben. Sie ist gekommen, um Totes zu suchen, Gestorbenes zu bewahren und begegnet – Leben. Leben, das sie beim Namen ruft, einmal und endgültig, Leben, dem sie einen Namen gibt: Rabbuni, mein Herr, mein Leben. Christus. Unfasslich, und doch ganz da. Ganz neu und urvertraut. Christus schickt sie weg vom Grab, und Maria geht. Lässt das Grab, das Tote zurück und geht, um zu berichten, was von nun an der Grund ist, auf dem sie lebt: Ich habe den Herrn gesehen. Christus, Leben, das gegenwärtig ist und sie beim Namen ruft.

Wie Maria, so gehen auch wir zu den Gräbern in unserem Leben. Zu den Grabkammern, in denen das Tote aus unserem Leben liegt. Nicht um uns zu kümmern. Es ist nicht Gutes an diesem Gang. Es sind keine Orte, die wir betrauern, sondern Orte, die wir fürchten und für die wir uns schämen. Und doch kehren wir immer wieder zurück, manchmal jeden Tag. Wir kommen nicht los von ihnen, können nicht zurücklassen, was in ihnen lagert.

Der eine große Traum von unserem Leben liegt darin, dem eigenen Leben, über das wir wahrhaftig unseren Namen schreiben möchten. Ein Leben, in dem wir tatsächlich vorkommen, das unsere wahre Geschichte ist. Wir kennen sie nicht, aber wir kennen die Sehnsucht danach, kennen sie allzu gut. Sie ist mit uns aufgewachsen und irgendwann im Alltag zerbröselt. Nicht schmerzhaft, einfach vertrocknet. Sie ist eingebettet in gute alltägliche Zufriedenheit, die wohltut und in der es sich gut sein lässt. Und irgendwann haben wir die Krumen unseres Traumes zusammengefegt und zu Grabe getragen. In diesen Grabkammern liegen unsere zerbrochenen und enttäuschten Hoffnungen. Messer, die uns lebenslange Wunden zugefügt haben. Zerschlagene Wünsche, wir tragen die Narben ihrer Splitter an uns. Abschiede, die wir nie überwunden haben. Schuld, die wir nicht mehr tragen können. Und Ängste, die uns lähmen, niederdrücken, starr machen. Sprachlosigkeit und Stille die unser Leben in ein Eishaus verwandeln. Wir erfrieren darin. Wir ersticken an ungesagten Sätzen und verhungern in der Einsamkeit. Lebensgräber.

Heute morgen gehen wir zu ihnen, beugen uns hinein – und sie sind leer. Dort lag unsere Schuld, da drüben unsere Ängste. Hier vorne die Krümel unseres Lebenstraums. Alles weg. Leergefegt. Dort, ganz hinten in der Ecke, lagerte das, was wir nie berührt haben, das Schlimmste und das Dunkelste: unser Tod. Und auch er: fort. Wir beugen uns weiter vor, doch da ist nichts. Das Grab ist leer. Wir wenden uns um. Keine Dunkelheit, keine Kälte, einfach ein leeres Grab.

Und dann hören wir die Stimme, die unseren Namen sagt. Einmal, ganz ruhig. Unser Name. Und wir wenden uns um, wenden uns ab von dem, was unser Leben zum Tod verurteilt hat, und sprechen unser Rabbuni. Er steht vor uns, Christus, der unsere Grabkammer leergeräumt hat, ausgeräumt und leergefegt bis in den letzten Winkel. Sie wird offen bleiben, doch nichts wird von nun an mehr hineingetan werden. Sie wird verlassen bleiben, ein einsamer Ort, an den niemand zurückkehrt. Denn Christus weist uns neue Wege. Wege der Hoffnung, schöne Wege.

Wege, wie sie die kanadische Autorin Alice Munro in ihrer Erzählung „Eine schwimmende Brücke" beschreibt.

Jinny, die Hauptfigur, ist an Krebs erkrankt. Ihr Mann Neal plant ihr Sterben so, wie er sonst seine politischen Aktionen plant. Er organisiert ein Krankenbett, räumt das Haus um, stellt ein junges Mädchen aus seinen Resozialisierungsprogrammen als Pflegerin ein. Alle warten darauf, wie Jinny sterben wird, da erfährt sie bei einer Untersuchung, dass es unerwartete Resultate gibt. Der Krebs ist plötzlich zurückgegangen, und das, was nun vor ihr liegt, ist nicht der Tod, sondern das Leben, ein Leben, das gewissermaßen durch ein Sterben gegangen ist. Jinny findet keinen Zugang dazu. An einem brütendheißen Nachmittag sitzt sie in ihrem Auto, während ihr Mann ein Bier trinken gegangen ist, und wartet, darauf, dass sie nach Hause fahren. Ein junger Mann, Ricky, bietet ihr an, sie zu fahren, und sie machen sich auf den Heimweg. Langsam wird es Abend. Sie fahren einen Weg, den Jinny nicht kennt, ohne Licht, in der beginnenden Dunkelheit. Mitten auf der Strecke halten sie an. Sie sind ganz allein, es ist völlig still. Ein unbeschreiblich schöner Moment. Sie stehen auf einer schwimmenden Brücke, um sie herum ist schwarzes Wasser. Ricky hat sie ohne Licht in der beginnenden Dämmerung durch eine Sumpflandschaft gefahren, auf einem unbefestigten Weg, der über eine schwimmende Brücken nach der anderen führt. Und Jinny hat sich nie ruhiger und geborgener gefühlt als auf dieser Fahrt mit diesem Mann.

Neue Wege in ein unbekanntes Leben, durch Sumpflandschaft, über schwimmende Brücken - vielleicht. Doch wir können uns ihnen anvertrauen, wir können sie voller Vertrauen gehen, denn Christus wird bei uns sein und uns leiten, auch in der Dunkelheit, auch über schwarzes Wasser, in den Sumpflandschaften dieser Welt.. Er wird uns in ein Leben führen, das wir Heimat nennen werden. Er wird bei uns sein, wenn wir endlich unseren Namen über ein Leben schreiben können, das wir auch so nennen möchten. Kein Traum, sondern wahrhaftig Leben. Gegenwart, keine Vergangenheit, die wir betrauern, sondern Gegenwart, mit der wir aufbrechen.

Heute wenden wir uns ab von allem Toten, von den Grabkammern dieser Welt und beginnen unseren Weg in die Lebensgemeinschaft, in die Christus uns gerufen hat. Sein Vater ist unser Vater, sein Gott ist unser Gott. Er sagt unseren Namen, einmal, ganz ruhig. Und wir wenden uns um ins Leben.

Der Herr ist auferstanden. Er ist wahrhaftig auferstanden. Amen.

(Pastorin Dr. Dorothee Arnold, Wietzenbruch)

LIED

Wir wollen alle fröhlich sein (EG 100)

Fürbitten

Auferstandener Christus,
Du Licht auf den Wegen unseres Lebens.
Zu Dir kommen wir, um Dir unsere Dunkelheiten, Sorgen und Nöte anzuvertrauen.
Voll Vertrauen bitten wir dich:
Wenn wir in der Dunkelheit des Glaubens leben, einen Sinn suchen und keine Antwort finden, dann leuchte Du uns auf und erhelle uns mit der Freude des Glaubens an Dich.
Wenn wir in der Dunkelheit von Sorgen, Schwächen und Ängsten leben,
dann leuchte Du uns auf und erhelle uns mit der Liebe zum Leben.
Wenn wir in der Dunkelheit von Krankheit, Einsamkeit und Trauer leben,
dann leuchte Du uns auf und erhelle uns mit dem Licht Deiner Nähe.
Wenn wir in der Dunkelheit von Hass, Selbstsucht und Neid leben,
dann leuchte Du uns auf und erhelle uns mit dem Licht Deiner Liebe.
Herr Jesus Christus, Du erfüllst alle Menschen mit deinem Licht.

Lass uns selbst zum Licht Deiner Liebe werden und allen Menschen, die uns nahe sind, strahlende Zeugen Deiner Auferstehung sein. Darum bitten wir Dich. Amen.

VATER UNSER

Sendung

Wie die erste Zeugin am Ostermorgen, wie Maria Magdalena, wollen wir die Botschaft in die Welt hinaustragen: Der Herr ist auferstanden. Er ist wahrhaftig auferstanden.

Segen

So wie das Licht am Ostermorgen so leuchte uns dein Segen.
Christus ist auferstanden:
Möge sein Friede uns begleiten,
seine Liebe uns beflügeln und
seine Freude uns anrühren.
Christus ist auferstanden.
In diesem Glauben bewahre uns der allmächtige Gott.
Amen.

LIED
    Christ ist erstanden (EG 99)

2 Der Himmel über mir und in mir

Gottesdienst am Himmelfahrtstag

POSAUNEN

Grußwort

Im Namen Gottes, der Himmel und Erde geschaffen hat;
im Namen seines Sohnes Jesus Christus, dem alle Vollmacht
im Himmel und auf Erden gegeben ist;
im Namen des Heiligen Geistes, der uns erleuchtet wie ein
Himmelslicht. Amen.

Eingangswort

Lobet im Himmel den HERRN,
lobet ihn in der Höhe!
Lobet ihn, Sonne und Mond,
lobet ihn, alle leuchtenden Sterne!
Lobet ihn, ihr Himmel aller Himmel!

(Psalm 148,1b.3.4a)

Begrüßung

Schauen Sie auch gerne in den Himmel? Ich schaue gerne
den Wolken nach, wie sie weiterziehen, wie sie sich verändern.
„Über den Wolken muss die Freiheit wohl grenzenlos sein,"
singt Reinhard Mey, und der Schriftsteller Cees Nooteboom

schreibt in seinem Buch „Allerseelen": „Wolken sind die Pferde des Heiligen Geistes. Sie müssen über die ganze Welt ziehen, um zu sehen, ob alles in Ordnung ist."[2] Der Himmel ist etwas faszinierendes, und oftmals schauen wir nach oben und warten auf ein Zeichen des Himmels, schließlich sagen wir auch „Alles Gute kommt von oben." Ja, es gibt den Himmel über mir („sky", wie die Engländer sagen), und es gibt den Himmel in mir („heaven"). Das ist auch der Ort – der Himmel in mir, in dem Gott zu Hause ist. Hier unter dem freien Himmel, der sich schützend über uns wölbt, wollen wir auch die Wärme des Himmels in uns spüren.

<small>LIED</small>
Wie lieblich ist der Maien (EG 501)

Gebet

Du, unser Gott, unsere Gedanken können dich nicht fassen.
Du bist der Himmel über uns und der Himmel in uns.
Du lässt uns den Himmel erleben, wenn uns Liebe geschenkt wird.
Andere erleben den Himmel durch uns, wenn wir Zuneigung verschenken.
Wir wollen dich erkennen in unserem Nächsten und in uns.
Dadurch können wir ein Stück Himmel auf Erden erfahren.
Darum bitten wir dich, du, unser Gott. Amen

<small>LESUNG</small>
Apostelgeschichte 1,1–14

<small>LIED</small>
Der Himmel geht über allen auf
(EG 588, Liedanhang Niedersachsen/Bremen)

---

2 Nooteboom, Allerseelen, 99.

Predigt

Die Zeit zwischen Himmelfahrt und Pfingsten ist eine Zeit des Wartens. 10 Tage haben die Anhänger Jesu in Jerusalem gewartet, gebetet und sich Gedanken gemacht, wie das wohl sein wird, wenn der Heilige Geist kommt, den Jesus ihnen versprochen hatte. Viel werden sie auch über ihn gesprochen haben: über seine Botschaft von der Nächstenliebe, über seine Nähe zu den Kranken, über seine Heilungen und über das Unfassbare – seine Auferstehung von den Toten. 40 Tage war er als Auferstandener bei ihnen, und dann sagt er ihnen:

„Ich muss von euch gehen in den Himmel zu meinem Vater. Seid ohne Sorge, denn nur indem ich diesen Weg gehe, haben alle Menschen etwas von mir und nicht nur ihr. Ihr habt mich bei euch gehabt als Jesus von Nazareth, habt erlebt, wie ich gestorben und auferstanden bin, habt mich als Auferstandener gesehen und erkannt und nun muss ich in den Himmel gehen. Vom Himmel würdet ihr niemals etwas wissen, wenn ich nicht dorthin gehe und Euch die Kraft des Heiligen Geistes schicke – eine himmlische Kraft, die in Euch wohnen will, so dass ihr den Himmel auch in euch habt. Wenn ihr mich dann sucht, dann sucht nicht da oben nach mir, sondern in euch."

Freie Worte habe ich gewählt für dieses Ereignis, dass wir „Himmelfahrt" nennen. Ein merkwürdiges Ereignis, wie Jesus mit einer Wolke, einem himmlischen Fahrstuhl sozusagen entschwindet.

Natürlich schauen die Jünger betrübt hinterher. Wie gerne hätten sie ihn bei sich behalten. Schon allein als lebendigen Glaubensbeweis, dass es die Auferstehung gibt. „Hier, das ist Jesus, der von den Toten auferstanden ist," hätten sie sagen können. Mit ihm hätten sie um die Welt Reisen können als lebendiges Beispiel einer Glaubenssensation.

Doch was hätte das gebracht? Was hätten wir davon gehabt? Beim Glauben geht es doch darum, dass wir eine Kraft in uns haben, die uns stärkt, die uns Halt gibt und einen Sinn. Ein Meister hat nicht ein ganzes Leben lang einen Schüler, sondern er entlässt irgendwann den Schüler, nachdem er ihn unterwiesen hat. So ist das auch bei Jesus.

Er sagt: „Ihr werdet meine Zeugen sein bis an das Ende der Erde. Und was ihr dazu braucht, dass werdet ihr bekommen, nämlich die Kraft des Heiligen Geistes, denn ihr sollt bald mit dem Heiligen Geist getauft werden."

Was dann nach 10 Tagen geschieht in Jerusalem, wo sie auf das Ereignis gewartet haben im Gebet, einmütig beieinander, nicht wissend, was kommen würde, das war dann die Ausgießung des Heiligen Geistes – Pfingsten. So wie aus einer Wolke Regen kommt, so kam der Heilige Geist zu ihnen. Hier haben wir auch die symbolische Bedeutung der Wolke. Jesus steigt mit der Wolke auf, damit nachher aus dieser Wolke der Geist wie Regen zu den Menschen kommt. Eine Wolke ist ja eine Ansammlung von Wassertröpfchen. Und das Wasser brauchen wir für das Wachstum. Wir sammeln auch Wasser in der Regentonne. Dazu müssen wir beim Regenfallrohr die Klappe aufmachen, damit das Wasser in die Tonne laufen kann. Und hier haben wir nun ein Bild für das Empfangen des Heiligen Geistes.

Wenn ich die Klappe nicht aufmache, kann ich kein Wasser sammeln.

Wenn ich schon eine volle Tasse habe, kann mir keiner mehr etwas einschenken. Wenn ich meine Wohnung voll gestellt habe, passt kein Möbelstück mehr rein. Deshalb ist die Zeit zwischen Himmelfahrt und Pfingsten nicht nur eine Zeit des Wartens, sondern auch eine Zeit des Leerwerdens, obwohl der Himmelfahrtstag als Vatertag eine Zeit des Vollwerdens ist. Wie kann ich dem Heiligen Geist Raum geben, dass er sich entfalten kann in mir, dass er seine Kraft entwickeln kann? Er ist mir ja schon verliehen worden bei meiner Taufe. Wenn ich den Heiligen Geist schon habe, wie kann ich ihm dann Raum geben? Sie kennen das in Form von Gedanken. Wenn ich bestimmten Gedanken sehr viel Raum gebe, dann entfalten die Gedanken eine unglaubliche Macht und Kraft und nehmen regelrecht Besitz von mir.

Und andere Gedanken haben keinen Platz, um sich zu entfalten. Wenn ich schlecht über einen Menschen denke, dann haben die Gedanken der Liebe zu ihm keinen Platz. Paul Watzlawick hat in seinem Buch „Anleitung zum

Unglücklichsein" ein eindrückliches Beispiel für die Macht der Gedanken und ihre Folgen: „Ein Mann will ein Bild aufhängen. Den Nagel hat er, nicht aber den Hammer. Der Nachbar hat einen. Also beschließt unser Mann, hinüberzugehen und ihn auszuborgen. Doch da kommt ihm ein Zweifel: Was, wenn der Nachbar mir den Hammer nicht leihen will? Gestern schon grüßte er mich nur so flüchtig. Vielleicht war er in Eile. Aber vielleicht war die Eile nur vorgeschützt, und er hat etwas gegen mich. Und was? Ich habe ihm nichts angetan; der bildet sich da etwas ein. Wenn jemand von mir ein Werkzeug borgen wollte, ich gäbe es ihm sofort. Und warum er nicht? Wie kann man einem Mitmenschen einen so einfachen Gefallen abschlagen? Leute wie dieser Kerl vergiften einem das Leben. Und dann bildet er sich noch ein, ich sei auf ihn angewiesen. Bloß weil er einen Hammer hat. Jetzt reicht's mir wirklich. – Und so stürmt er hinüber, läutet, der Nachbar öffnet, doch bevor er ‚Guten Tag' sagen kann, schreit ihn unser Mann an: ‚Behalten Sie ihren Hammer für sich, Sie Rüpel!"[3] Die Macht der Gedanken. Sie kennen das, wenn sie Raum in uns gewinnen. Aber wie gewinnt der Heilige Geist in mir Raum, wie kann sich Christus in mir entfalten, wie kann Gott in mir wohnen, so dass ich spürbar die Kraft des Glaubens in mir trage?

Wenn Gott und Christus im Himmel wohnen, dann brauche ich nicht nach oben zu schauen, sondern in mich hinein, denn da ist der Himmel – in mir! Eine himmlische Kraft ist in mir, verliehen bei der Taufe. Zu dieser Kraft in mir kann ich auch Heiliger Geist sagen, Gott oder Christus. Ist diese Kraft aktiviert oder deaktiviert? Nutze ich sie für mein Leben oder nicht? Sie ist mir geschenkt, und ich kann nicht über sie verfügen wie ich über meine körperliche Kraft verfügen kann bis zu einer bestimmten Grenze, aber ich kann dieser Kraft in mir Raum geben, einfach durch Ruhe. Wir wissen ja: in der Ruhe liegt die Kraft. Ein schottischer Theologe hat das, was dann geschieht, mal so beschrieben:

3 Watzlawick, Anleitung, 37–38.

„Ich beginne meine Reise nach innen. Ich reise in mich hinein zum innersten Kern meines Seins, wo du wohnst. An diesem tiefsten Punkt meines Wesens bist du immer schon vor mir da, schaffst und stärkst ohne Unterlass meine ganze Person. Gott, du bist dynamisch. Du bist in mir. Du bist hier. Du bist jetzt. Du bist. Du bist der Grund meines Seins. Ich lasse los. Ich sinke und versinke in dir. Du überflutest mein Wesen. Du nimmst ganz von mir Besitz. Ich lasse meinen Atem zu diesem Gebet der Unterwerfung unter dich werden. Mein Atem, mein Ein- und Ausatmen ist Ausdruck meines ganzen Wesens. Ich tue es für dich, mit dir, in die. Ich bin du geworden. Du bist ich geworden. Wir atmen Miteinander. Und nun öffne ich meine Augen, um dich in der Welt der Dinge und Menschen zu schauen. Ich nehme die Verantwortung für meine Zukunft wieder auf mich. Ich nehme meine Pläne, meine Sorgen, mein Ängste wieder auf. Ich ergreife aufs neue des Pflug, aber nun weiß ich, dass deine Hand über der meinen liegt und ihn mit der meinen ergreift. Mit neuer Kraft trete ich die Reise nach außen wieder an, nicht mehr allein, sondern mit dem Schöpfer als Partner."[4]

Mit der Kraft des Heiligen Geistes in mir will ich dann mit den Augen Gottes, mit den Augen der Liebe, die Welt sehen und die Orte, wo der Himmel die Erde berührt. Amen

LIED
     Wo Menschen sich vergessen (Gottesklang Nr. 25)

Fürbitten

Ist nicht der Himmel dort, wo wir einen Streit beenden und vergeben?
Deshalb bitten wir dich: Sei bei den Menschen, die sich nicht mehr verstehen und die sich bekämpfen. Schenke Ihnen Versöhnung!

4   Theologe aus Schottland, Lied, 73–75.

Ist nicht der Himmel dort, wo wir Geborgenheit erfahren?
Deshalb bitten wir dich: Sei bei den Menschen, die keine Heimat haben und nicht wissen, wo sie hingehören. Schenke Ihnen ein Zuhause!

Ist nicht der Himmel dort, wo wir bei uns selbst sind, weil du da bist?
Deshalb bitten wir dich: Sei bei den Menschen, die dich suchen und sich schon von dir abgewandt haben. Schenke Ihnen deine Gegenwart!

Ist nicht der Himmel dort, wo das letzte Ziel unseres Lebens ist?
Deshalb bitten wir dich: Sei bei den Menschen, die um ihre Lieben trauern und die verzweifelt sind. Schenke Ihnen Trost!
Ist nicht der Himmel dort, wo Du uns führst? Zu uns selbst, zum Nächsten und zu dir.

Deshalb bitten wir dich: Geh mit uns! Amen.

VATER UNSER

Segen

„Christus sei mir zur Rechten,
Christus sei mir zur Linken.
Er die Kraft. Er der Friede.
Christus sei, wo ich liege.
Christus sei, wo ich sitze.
Christus sei, wo ich stehe.
Christus sei in der Tiefe,
Christus sei in der Höhe,
Christus sei in der Weite.
Christus sei im Herzen eines jeden,
der meiner gedenkt.
Christus sei im Munde eines jeden,
der von mir spricht.
Christus sei in jedem Auge,
das mich sieht,

Christus in jedem Ohr,
das mich hört.
Amen."[5]

POSAUNEN

5 St. Patrick, unbekannt.

3

Immer der Nase nach!
Echt dufte!

Gottesdienst im Mai

POSAUNEN

Grußwort

Im Namen des Vaters und des Sohnes und des Heiligen
Geistes. Amen.

Eingangswort

Steh auf Nordwind, und komm Südwind, und wehe durch
meinen Garten, dass der Duft seiner Gewürze ströme!

(Hohelied Salomons 4,16)

Persönliche Begrüßung

Sind Sie der Nase nachgegangen, als Sie hierher gekommen
sind? Eher nicht. Sie kannten den Weg. Aber Sie haben schon
Düfte wahrgenommen auf dem Weg. Hier in der freien
Natur, gerade jetzt im Mai, erleben wir ein richtiges „Duft-
festival," so dass man sagen kann: „Echt dufte!"
  Wir laden Sie herzlich ein, mit uns diesen Gottesdienst
der Düfte zu feiern! Damit Sie schon einmal Ihren Geruchssinn testen können, geben wir kleine Leinensäckchen durch
die Reihen, in denen ganz unterschiedliche Kräuter sind.
Bitte noch nichts verraten, die Auflösung kommt nachher.

Morgenlicht leuchtet (EG 455)

Gebet

„Herr, ich werfe meine Freude wie Vögel an den Himmel.
Die Nacht ist verflattert, und ich freue mich am Licht.
Deine Sonne hat den Tau weg gebrannt vom Gras und von unseren Herzen.
Was da aus uns kommt, was da um uns ist an diesem Morgen, das ist Dank.
Herr, ich bin fröhlich heute am Morgen.
Die Vögel und Engel singen, und ich jubiliere auch.
Das All und unsere Herzen sind offen für deine Gnade.
Ich fühle meinen Körper und danke.
Herr, ich freue mich an der Schöpfung und dass du dahinter bist und daneben und davor und darüber und in uns.
Ich freue mich, Herr, ich freue mich und freue mich.
die Psalmen singen von deiner Liebe, die Propheten verkündigen sie.
Herr, ich werfe meine Freude wie Vögel an den Himmel.
Ein neuer Tag, der glitzert und knistert, knallt und jubiliert von deiner Liebe.
Jeden Tag machst du. Halleluja, Herr! Amen."[6]

Lesung

Spannungsgeladene und romantische Geschichten über die Wirkung von Gerüchen haben bereits Menschen in biblischer Zeit gekannt. Deswegen ist die Bibel voll von Erzählungen über Düfte.

6   Gebet eines westafrikanischen Christen, unbekannt.

Verliebte können sich gut riechen, auch in der Bibel.
Im Hohelied 1,2–4.12–14 steht:

Sie: „Komm doch und küss mich! Deine Liebe berauscht mich
mehr noch als Wein. Weithin verströmen deine kostbaren Salben
herrlichen Duft. Jedermann kennt dich, alle Mädchen im Lande
schwärmen für dich! Komm, lass uns eilen, nimm mich mit dir
nach Hause, fass meine Hand! Du bist mein König! Solange mein
König mir nahe ist, verbreitet mein Nardenöl seinen Duft. Mein
Liebster liegt bei mir, an meiner Brust, er duftet wie würziges
Myrrhenharz, so kräftig wie Blüten vom Hennastrauch."

Der Prophet Jesaja spricht von einem zornigen Gott, der von
den Menschen in diesem Moment die Nase voll hat – zum
Himmel stinken sie! (Jesaja 1,10–13)
　　Hört, was der Herr sagt (…): „Was soll ich mit euren vielen Opfern?" fragt der Herr.

„Die Schafböcke, die ihr für mich verbrennt, und das Fett eurer
Masttiere habe ich satt; das Blut von Stieren, Lämmern und
Böcken mag ich nicht. Wenn ihr zu meinem Tempel kommt, zer-
trampelt ihr nur seine Vorhöfe. Habe ich das verlangt? Lasst eure
nutzlosen Opfer! Ich kann euren Weihrauch nicht mehr riechen!"

Gleich im ersten Buch der Bibel, im ersten Buch Mose, wird
ein Mensch am Geruch erkannt, als Jakob sich als sein Bruder Esau ausgibt und seinem Vater Isaak die Speise reicht
und den Wein. (Genesis 27,26–29)
　　Dann sagte Isaak: „Komm her, mein Sohn, und küsse
mich!" Jakob tat es. Als Isaak den Duft seiner Kleider roch,
sprach er das Segenswort:

„Mein Sohn, du duftest kräftig wie die Flur, wenn sie der Herr mit
seinem Regen tränkt. Gott gebe dir den Tau vom Himmel und
mache deine Felder fruchtbar, damit sie Korn und Wein in Fülle
tragen! Nationen sollen sich vor dir verneigen, und Völker sollen
deine Diener werden. Du wirst der Herrscher deiner Brüder sein,
sie müssen sich in Ehrfurcht vor dir beugen. Wer dich verflucht,
den soll das Unglück treffen; doch wer dir wohl will, soll gesegnet
sein!"

Im zweiten Buch Mose wird himmlisches Parfum gemischt, das ausschließlich Gott vorbehalten ist. Ein Geruch, der auch Gefahr bringen kann. (Exodus 30,22–29.31–33)

Weiter erhielt Mose vom Herrn die Anweisung:

„Besorge dir kostbare Duftstoffe. 6 Kilo Myrrhe, 3 Kilo Zimt, 3 Kilo Kalmus, 6 Kilo Kassia, gewogen nach dem Gewicht des Heiligtums, und dazu 5 Liter Olivenöl. Lass daraus das wohlriechende Salböl bereiten, das für die Weihe von Personen und Gegenständen gebraucht wird. Besprenge damit das Heilige Zelt, die Lade mit dem Bundesgesetz, den Tisch für die geweihten Brote und den Leuchter mit allem Zubehör, weiter den Räucher- und den Brandopferaltar mit allen zugehörigen Geräten und das Wasserbecken samt Untersatz. Dadurch wird dies alles mir geweiht und in besonderem Maße heilig. Wer als Unbefugter eines dieser geweihten Dinge berührt, muss sterben. Den Israeliten musst du sagen: ‚Das Öl, das nach dieser Anweisung bereitet wird, ist dem Herrn allein vorbehalten. Das gilt für alle Zukunft. Es darf nicht auf die Haut gewöhnlicher Menschen kommen und ihr dürft es überhaupt nicht für den Gebrauch außerhalb des Heiligtums herstellen. Es ist heilig und ihr sollt es gebührend achten.

Wer unbefugt solches Öl herstellt oder einen gewöhnlichen Menschen damit salbt, hat sein Leben verwirkt und muss aus dem Volk ausgestoßen werden.‘"

LIED
　　Wie lieblich ist der Maien (EG 501)

Predigt

Sie sind gerade aufgewacht und torkeln noch etwas schlaftrunken in Richtung Küche. Jemand hat Frühstück gemacht, und jetzt riechen sie es: den Geruch von Kaffee und frischen Brötchen. Wunderbar!

Sie halten ein kleines Baby auf dem Arm und riechen diesen unverwechselbaren zarten Geruch, und sie sind angerührt, verzückt.

Sie gehen an einem Frühjahrstag spazieren und riechen den Duft blühender Obstbäume oder den Duft der Glücksboten des Wonnemonats Mai, den betörenden Duft von Maiglöckchen.

Der Wind trägt ihnen eine frische Meeresbrise hinüber, während sie am Strand im Urlaub spazieren gehen, und Erinnerungen werden geweckt.

So ist das, was wir dann riechen, auch mehr als eine Sinneswahrnehmung. Duft dringt ganz tief in den Menschen ein, bis in sein Langzeitgedächtnis. Hier lagern die Erinnerungen, die sich seit der Kindheit festgesetzt haben. Der Geruchssinn prägt den ersten Eindruck jedes Menschen von der Welt. Neugeborene erkennen ihre Mutter am Geruch, robben instinktiv immer der Nase nach an ihre Brust. Frisch gebackener Apfelkuchen versetzt uns gedanklich in Großmutters Küche zurück. Und diese süßliche, cremige Nuance, so roch doch Papa, wenn er sich rasiert hatte. Nichts bringt Vergangenes so vollkommen zurück wie ein Geruch. Das hat zwei Gründe:

Der Geruchssinn schaltet niemals ab. Augen und Ohren kann man zuhalten, Mund und Nase müssen bei einem atmenden Wesen immer offen bleiben. Zum zweiten besteht eine besondere Verbindung zwischen Nase und Gehirn. Anders als beim Sehen, Hören, Tasten oder Schmecken macht der Geruchssinn keinen Umweg, sondern die Reize werden ungefiltert ins Gehirn übermittelt, ohne dass weitere Nervenzellen dazwischen geschaltet sind. Die Duftstoffe wirken vor allem auf das limbische System, also auf jenen Teil des Gehirns, der Gefühle, Erinnerungen und Sexualität steuert – Sigmund Freud lässt grüßen! Erst im zweiten Schritt werden Düfte im Gehirn mit bestimmten Erinnerungen und Erfahrungen verknüpft. Diese Assoziationen prägen die individuell unterschiedliche Wahrnehmung, ob ein Duft als positiv oder negativ empfunden wird. Der Geruchssinn ist ein wahres Wunderwerk der Natur, denn er kann rund 10.000 verschiedene Düfte unterscheiden.

Probieren Sie doch mal Ihren Geruchssinn aus. Die Leinensäckchen mit Kräutern werden gerade herum gereicht. Vielleicht erraten Sie die Kräuter an ihrem Duft.

Die Aromatherapie arbeitet mit der heilenden Wirkung von Düften. Sie weiß von der wohltuenden Kraft duftender Pflanzen. Der Duft einer Rose stimmt die Seele fröhlich und stärkt so die natürlichen Abwehrkräfte. Der Geruch einer Orange oder Zitrone macht vital und fit und steigert die Leistungsfähigkeit. Veilchen-Duft regt das positive Denken an. Der Geruch von Lavendelblüten beruhigt und nimmt Ängste. Der Geruch von Thymian stärkt die Atemwege.

Auch Götter ließen sich vom Duft verwöhnen. Den Grundstein zur Duftkultur legten vor mehr als 5.000 Jahren die Ägypter. Erst sicherten sie sich durch das Verbrennen duftender Harze, Hölzer, Pflanzen und Blüten die Gunst der Überirdischen – daher auch das Wort Parfüm aus dem lateinischen „per fumum" (durch den Rauch), doch bald fanden Düfte auch profane Verwendung: sie umhüllten einbalsamierte Verstorbene. Und welch einen materiellen Stellenwert die kostbaren Rohstoffe damals hatten, steht in der Bibel: Neben Gold brachten die drei Weisen aus dem Morgenland auch Weihrauch und Myrrhe in Bethlehems Stall (Matthäus 2,11), und das Nardenöl, mit dem eine Frau Jesus salbt, hat den Wert eines Jahresverdienstes eines Tagelöhners (Markus 14,3–9).

Als Besänftigung der Götter, als Geschenk, als Verleihung einer bestimmten Würde, zur Reinigung, zur Heilung oder einfach als Duftnote auf der Haut, sprayen, ölen, baden, salben, riechen, der Einfluss der Düfte verwandelt und setzt Gefühle frei. Paulus hat das erkannt und spricht symbolisch vom Duft.

So heißt es im 2. Korintherbrief, Kapitel 2, in den Versen 14 – 16:

„Ich danke Gott, dass er mich überall im Triumphzug Christi mitführt. So macht er seine Wahrheit durch mich an allen Orten bekannt, wie einen Wohlgeruch, der sich ausbreitet. Von mir geht zur Ehre Gottes der Wohlgeruch der Botschaft von Christus aus. Er erreicht die Geretteten und die, die verloren gehen. Für die Verlorenen ist es ein tödlicher Duft, an dem sie sterben. Für die Geretteten ist es ein Duft, der sie zum Leben führt."

Dieser Duft scheint es in sich zu haben. Aber mit dem Einnebeln durch einen anderen Duft ist das so eine Sache, denn wir haben ja auch Eigendüfte. Diese genetisch programmierten Eigendüfte – neben Sexual-Lockstoffen auch Abwehrstoffe, Alarmsubstanzen und Markierungsstoffe – gleichen sich nur bei eineiigen Zwillingen. Treffen wir auf einen potenziellen Partner, dessen Genmuster dem unseren zu sehr ähnelt, folgt Abwehr, damit man sich nur nicht zu nahe kommt. Nach bisherigem Stand der Forschung sind Pheromone das Eheanbahnungsinstitut der Natur. Mag der Liebste auch eine Glatze haben oder die Angebetete eine Warze auf der Nase, wenn wir auf sie fliegen, weil die Chemie stimmt und wir den anderen gut riechen können, steigen die Chancen auf Nachwuchs.

Hier hat der Apostel Paulus durchaus recht: ein Duft, dem man sich nicht entziehen kann, ein Duft, der wahrhaftig neues Leben gibt.

Den Christen wird im Gegensatz zu dem angenehmen Duft, den sie verbreiten, oft ein bestimmter Stallgeruch nachgesagt. Das liegt nicht am Weihrauch, vielleicht manchmal an der Weltfremdheit, vielleicht auch daran, dass man gern im Mantel der Nächstenliebe alles zukleistern will, und es dennoch Konkurrenz, Neid, Ängste und eine gehörige Doppelmoral gibt. Manche sprechen auch vom Kirchenmief, wenn es in den Kirchen nicht nur muffig riecht, weil das Kirchengebäude schon so alt ist, sondern weil eine frische Brise fehlt, die angestaubte Meinungen und Auffassungen mal so richtig durcheinander wirbelt.

Wie kann die Wahrheit Gottes sich verbreiten wie ein angenehmer Duft, der uns erreicht, dem wir uns nicht entziehen können und der uns neues Leben gibt?

Der indische Freiheitskämpfer Mahatma Gandhi wurde einmal von christlichen Missionaren gefragt: „Was müssen wir tun, damit die Hindus das Evangelium annehmen?" Seine Antwort war ebenso kurz wie prägnant: „Denken Sie an das Geheimnis der Rose. Alle mögen sie, weil sie duftet. Also duften Sie, meine Herren!"

Manche verduften lieber, als zu duften, wenn es um den Glauben geht.

Was kann das Geheimnis der Rose uns sagen, damit wir auch duften? Was braucht die Rose, damit sie leben und wachsen kann, damit sie duften kann?

Experten sagen, dass sich die Rose an einem sonnigen Standort, der gut belüftet ist, wo der Wind durchgeht, am wohlsten fühlt. Außerdem sollte man auf den Boden achten. Der muss locker sein. Es sollte viel organische Masse wie Kompost eingearbeitet werden. Auf keinen Fall darf er zu Staunässe neigen. Regenwasser muss im Boden schnell versickern, weil sonst die Rose leidet. Das Düngen ist bei der Rose genauso wichtig wie der Schnitt. Beim Schnitt werden alle überflüssigen und toten Triebe abgeschnitten.

Sonne, Wind, guter Boden, Wasser, Dünger und Schnitt sind die Voraussetzungen für ein gutes Wachstum und für das Geheimnis der Rose.

Und jetzt übertragen wir das mal auf uns: Was macht mein Herz hell wie die Sonne den Tag?

Welcher Wind weht mich an? Ist mein Leben stürmisch oder wie ein laues Lüftchen?

Stehe ich auf gutem Boden, verwurzelt, mit beiden Beinen auf der Erde? Was ist für mich die Quelle, die meinen Lebensdurst stillt? Was bringt mich zum Aufblühen und unterstützt mein inneres Wachsen? Wann brauche ich einen Schnitt? Wie nehme ich Einschnitte in meinem Leben wahr und wie gehe ich damit um?

Meine Antwort lautet: es ist Gottes Liebe, die mein Leben durchsonnt, die mich anweht wie eine frische Meeresbrise, die mich fest stehen lässt auf dem Nährboden der Beziehungen zu anderen Menschen, die meinen Lebensdurst nach innerem Frieden stillt, die mich zum Aufblühen bringt und die mir hilft, neu anzufangen, wenn Einschnitte es erfordern.

Die Liebe Gottes, die in mich hineinströmt, verwandelt mein Sein, so dass ich duften kann. Pflanzendüfte erzählen von verwandeltem Sonnenschein. Ich erzähle von der Liebe Gottes, die mich verwandelt und gebe sie weiter. Beim Weitergeben bleibt immer etwas zurück. Ein chinesisches

Sprichwort sagt: „Blumen lassen einen Teil ihres Duftes in der Hand desjenigen, der sie schenkt." Die Liebe Gottes bleibt, auch wenn ich sie verschenke. Also, meine Damen und Herren, um es noch einmal mit Gandhis Worten zu sagen: „Duften Sie!"

Duften Sie nach Liebe, nach der Liebe Gottes. Amen.

LIED

Laudato si (EG 515)

Fürbitten

Gott, so wie wir sind, mit unseren Hoffnungen, Zweifeln und Ängsten, bringen wir unseren Dank und unsere Bitten vor Dich:

Wie Düfte, an die wir uns gut erinnern, steigt auch in uns der Dank auf für wunderbare Begegnungen, segensreiche Kontakte und Freude an der Natur.

Gott, wir danken Dir, dass wir das immer wieder erleben und erfahren dürfen.

Gott, es gibt viele einsame und kranke Menschen, die vom lebendigen Alltagsleben ausgeschlossen sind, keinen Menschen haben, der ihnen zuhört, keiner der da ist, wenn sie ihn brauchen. Gott, wir bitten dich, stelle uns an die Seite der Einsamen und Kranken, dass wir ihnen unsere Zeit, Aufmerksamkeit und Freude geben können. Lass uns für diese Menschen ein guter Duft sein.

Manchmal haben wir im Leben die Nase voll und unsere Probleme stinken zum Himmel. Es ist manchmal so schwierig, Konflikte zu lösen, offen zu sein und aufeinander zuzugehen, wenn man den anderen nicht riechen kann. Gott, wir bitten Dich, schenke uns die Kraft, mit uns selbst und dem anderen geduldig zu sein.

Gott, manchmal übersehen wir die kleinen Freuden des Tages. Wenn wir Vergangenes festhalten wollen und ihm nachtrauern, wenn eine hektische Aktivität die Nächste ablöst oder wir vor uns hingrübeln und uns Fragen stellen, wie es weiter gehen kann. Dann duftet eine Rose neben uns und wir bemerken sie nicht. Da freut sich ein Mensch in unserer Nähe und wir übersehen seine lachenden, freundlichen Augen. Dann bemerken wir nicht, das Lächeln das uns gilt. Gott, wir bitten Dich, öffne unsere Sinne für die kleinen Dinge des Tages. Amen.

LIED

> Du hast uns deine Welt geschenkt
> (EG 640, Liedanhang Niedersachsen/Bremen)

VATER UNSER

Segen

Gott allen Trostes und aller Verheißung, segne uns und behüte uns,
begleite uns mit deiner Liebe, die uns trägt.
Lass dein Angesicht über uns leuchten in der Dunkelheit unseres Lebens, denn deine Güte schafft neues Leben.
Wende uns dein Angesicht zu, schenke uns Heil, dann sind wir gesegnet.
Darum bitten wir den Vater und den Sohn und den Heiligen Geist. Amen.

POSAUNEN

(*Gespräch und Austausch über die Düfte in den Duftsäckchen*)

4 Geist-Gegenwart

Gottesdienst am Pfingstfest

MUSIK

Grußwort

Unser Gottesdienst gründet darauf, dass Gott mitten unter uns ist.
Wir beginnen im Namen des Vaters und des Sohnes und des Heiligen Geistes. Amen

Eingangswort

Christus spricht: Wenn aber jener, der Geist der Wahrheit, kommen wird, wird er euch in alle Wahrheit leiten.

(Johannes 16,13a)

Persönliche Begrüßung

Der Geist Gottes, dessen Gegenwart wir heute am Pfingstfest hier unter freiem Himmel feiern
hat viele Namen:
Geist der Wahrheit, um unser Leben von der Lüge zu befreien;
Geist des Lichtes, um unser Leben hell zu machen;
Geist der Stille, um uns Ruhe zu schenken;
Geist des Mutes, um die Angst zu vertreiben;
Geist des Feuers, um die Liebe in uns zu entzünden;

Geist des Friedens, um Streit zu beenden;
Geist der Freude, um uns zu beflügeln.
In welcher Form der Geist auch zu uns kommt, er will in uns
wohnen und uns ein neues Leben schenken. Bitten wir also
Gott um ein offenes Herz!

<small>LIED</small>

O komm, du Geist der Wahrheit (EG 136,1–4)

Gebet

Gott,
du Geist der Wahrheit.
Du bist in uns, und du sprichst in uns.
Du reinigst uns, und du erleuchtest uns.
Du verwandelst uns, und wir werden eins mit dir.
Lass uns innerlich leer werden, damit du in uns wohnen
kannst
und wir deine Kraft spüren können, du Geist der Wahrheit.
Amen.

Lesung

„Live von Ganz Oben – Die Pfingstgeschichte" in einer Version von Heinz-Rudolf Kunze:

„Es waren alle zusammengekommen am Pfingsttag. Alle, die es
anging. Sturm kam auf, aus heiterem Himmel. Die Luft brüllte.
Das Haus, ihr Treffpunkt, erbebte. Sie fühlten sich, als schlugen
ihre Köpfe an die Wände einer riesigen Glocke. Zungen aus Feuer
senkten sich herab, für jeden eine. Da ging etwas mit ihnen vor:
Eine unbekannte Kraft ließ sie plötzlich in Sprachen reden, von
denen sie noch nie zuvor gehört hatten, Der Lärm war in ganz
Jerusalem zu hören.

Die Stadt war voller Fremder, die verblüfft ihre heimatlichen Worte
vernahmen. Sie strömten zu dem Haus und fragten sich: Wie kann
das sein? Das sind doch Galiläer! Wieso fühle ich mich angespro-

chen? Und ich? Und ich? Was sagt mir dieser Gott, von dem sie reden? Manche wurden ganz still. Andere gerieten in Panik. Einige versuchten, ihren Schrecken hinter Spott zu verbergen: Die müssen besoffen sein. Nein, sagte Petrus. Wir sind stocknüchtern. Nichts gegen Räusche, wenn's passt. Aber nicht so früh am Morgen. Nicht weniger und nicht mehr passiert hier, als dass sich eine Prophezeiung erfüllt: Dies sind die letzten Tage der alten Zeit. Wir alle hier sind Empfänger. Gott, der Sender, hat eine Mitteilung zu machen. Sie ist verschlüsselt. Nennt es Träume, nennt es Visionen, ganz wie ihr wollt. Doch die Botschaft ist klar. Es werden Zeichen und Wunder geschehen, Es wird euch Hören und Sehen vergehen, bevor ihr versteht, Die Welt, wie ihr sie kennt, geht unter, aus und vorbei. Alles wird neu. Wer aber weiß, dass es Einen gibt, an den man sich halten kann, wird nichts zu befürchten haben. Das ist ein gewisser Jesus, ihr wisst es. Der hat die Vollmacht. Das habt ihr sehr wohl begriffen. Trotzdem habt ihr ihn umgebracht. All das war vorauszusehen. All das geschah nach höchster Absicht. Gott hat ihn den Tod besiegen lassen. Der Tod reicht nicht an ihn heran. Und das, Freunde, betrifft auch euch, jeden von euch. Manchmal ist es kaum zu glauben, aber ihr habt Grund zur Freude. Sterben, Verwesung, Nichts sind leere Worte, wenn ihr in der berechtigten Hoffnung lebt, dass ihr in Verbindung bleibt – mit Ganz Oben. Haltet Kontakt. Weitersagen!"[7]

LIED

O Heiliger Geist, kehr bei uns ein (EG 130)

Predigt über Römer 8,1–11

Sie kennen alle Szenen aus dem Fernsehen oder aus dem Kino. Eine Szene wird gespielt, das Ganze wird gedreht. Dazu braucht man ein Drehbuch. Ich habe mir vorgestellt, dass der Predigttext die Vorlage für ein Drehbuch ist, ein Drehbuch für einen Film.

7   Kunze, Live von Ganz Oben.

Ich möchte Sie einfach einladen, diesen Pfingstfilm in Gedanken mit mir zu sehen. Doch damit wir wissen, um was es geht, wollen wir vorweg den Text hören. Der Autor der Vorlage, der Apostel Paulus, soll schließlich selbst zu Wort kommen:

1. Szene: Der Mensch oder die Norm der Sünde (Römer 8,5a–8):

„Denn die nach dem Fleisch sind, trachten nach dem, was des Fleisches ist, denn das Trachten ist der Tod. Darum ist das Trachten des Fleisches Feindschaft gegen Gott, denn dem Gesetz Gottes gehorcht es nicht, es vermag es auch nicht. Die aber im Fleisch sind, können Gott nicht gefallen."

2. Szene: Jesus Christus oder die freimachende Tat (Römer 8,1–4):

„Folglich gibt es jetzt keine Verurteilung mehr für die, welche in Jesus Christus sind. Denn die Norm des Geistes des Lebens hat dich in Christus Jesus frei gemacht von der Norm der Sünde und des Todes. Denn was dem Gesetz unmöglich war, worin es schwach war, das hat Gott vollbracht: er sandte seinen Sohn in Gleichgestalt des sündigen Fleisches um der Sünde willen und verurteilte die Sünde im Fleisch, damit der Rechtsanspruch des Gesetztes in uns erfüllt werde, die wir nicht nach dem Fleisch wandeln, sondern nach dem Geist."

3. Szene: Der Geist oder die Norm des Geistes (Römer 8,5b–6b.9–11):

„Die aber nach dem Geist sind, trachten nach dem, was des Geistes ist. Das Trachten des Geistes aber ist Leben und Friede. Ihr aber seid nicht im Fleisch, sondern im Geist, wenn Gottes Geist in euch wohnt. Wenn aber einer den Geist nicht hat, der gehört ihm nicht an.

Wenn aber der Geist in euch ist, dann ist der Leib zwar tot um der Sünde willen, der Geist aber Leben wegen der Gerechtigkeit. Wenn aber der Geist dessen, der Jesus von den Toten auferweckt hat, in euch wohnt, wird der, der Christus von den Toten auferweckt hat, auch eure sterblichen Leiber lebendig machen durch seinen Geist, der in euch wohnt."

Haben Sie es sich bequem gemacht auf den Stühlen hier im Freien? Dann kann es losgehen.

Vorweg noch eine kleine Programmansage zum Film:

Der Mensch steht unter der Verurteilung. Als Feind Gottes wird er angesehen. Es erfolgte jedoch ein Freispruch, vielmehr eine freimachende Tat. Diese freimachende Tat gilt für alle Menschen. Aber nur der weiß sich wirklich frei, der im Geist Gottes lebt.

Und nun der Film.

Die 1. Szene: der Mensch

Eine Landschaft wird gezeigt. Dann blendet der Film zurück in die Geschichte, in das Auf und Ab, in das Hin und Her der ungezählten Menschen. Hier ist das Leben der High Society genauso wie das der gestrandeten Leute. Hier tauchen Namen auf, die wir sofort registrieren können, und hier ist das Heer der Namenlosen, die man vergisst, als seien sie nie gewesen.

Er zeigt wieder die Landschaft. Dazu gehören auch die paar Quadratmeter unseres persönlichen Lebens. Unsere kurzen Jahre gehören zu dieser Landschaft dazu, unsere Jahre voller Sehnsucht und Enttäuschung, voller Hoffnung und Resignation. Unser Jungsein und Altern, unser Glück und unser Unglück, unsere Freude und unsere Trauer, unsere ausgelassenen Feste und unsere verzweifelten Stunden – all das gehört zu dieser Landschaft. Die Landschaft – das ist die Welt. Hier sind wir zu Hause. Hier gilt unser Gesetz. Hier gelten Normen und Maße, Gewohnheiten und Systeme, die uns vorwärts bringen. Hier regiert die Meinung des Menschen. Hier bestimmt er, was groß ist und klein, was böse ist und gut. Hier gibt es immer nur eine Perspektive, die Perspektive dieser Welt.

Wir alle sind mit verwachsen mit dieser Landschaft. Wir sind ein Teil von ihr. Wir haben uns ihr angepasst, wir gehen in ihr auf. Hier bauen wir Häuser, als würden wir in ihnen ewig zu Hause sein. Hier lieben wir, hier hassen wir. Hier wird sorgend behütet und brutal gemordet. Hier haben wir

Gedanken und Pläne, Träume und Illusionen. Kurz – hier wird gelebt.

(Zwischenkommentar):

Soweit die 1. Szene: Der Mensch. Er spielte die Hauptrolle. Gott spielte keine Rolle, nicht einmal die eines Statisten. Der Film zeigt die Sünde. Nämlich das Getrennt sein des Menschen von Gott. Es geht nicht um „arme und kleine Sünderlein," nicht um ein „bisschen sündigen." Das Getrennt sein von Gott – das ist Sünde. Ich weiß, man könnte sie mit schöneren Namen schmücken. Aber es bleibt dabei: immer wieder diese altmodische Sünde.

Man kann sie sich auch nicht abspecken wie überflüssiges Fett am Körper, sondern sie gehört zum Menschen dazu wie sein Bauchnabel. Die Grenze ist durch die Sünde gezogen: hier der Mensch und dort Gott. Und alles, was auf der Menschenseite geschieht, ist für Paulus, unseren Autor, das Handeln „im Fleisch" und „nach dem Fleisch," egal ob mit dem Verstand gearbeitet wird, ob man etwas in seiner Seele fühlt oder seinen Körper gebraucht. Paulus meint den ganzen Menschen, wenn er „Fleisch" sagt, diesen ganzen Menschen, an dessen Ende der Tod steht. „Alles Fleisch ist Gras, und alle seine Güte ist wie eine Blume auf dem Felde. Das Gras verdorrt, die Blume verwelkt …." (Jesaja 40,6b.8)

Wenn hier nun der Mensch als ein von Gott getrennter gezeigt wurde, dann ist das doch gar nicht schlimm. Es lebt sich doch ganz gut so. Wenn nicht dieser innere Zwiespalt wäre zwischen dem, wie ich bin und wie ich gerne sein möchte; zwischen meinem Leben, wie es bestimmt wird durch alles, was so auf mich zukommt, und der Sehnsucht nach einem sinnerfüllten Leben; zwischen den Antworten, die ich mir selber geben kann: „Das ist so!", und den Fragen, die unbeantwortet bleiben: „Schicksal? Warum gerade ich?"

Diese Unruhe in mir kann ein Spüren sein: Gott wohnt gleich hinterm Zaun, aber ich bin getrennt von ihm. Diese Unruhe kann auch ein Wissen darüber sein, dass dieser Zaun längst eingerissen wurde, aber ich mich nicht traue, hinzusehen, weil ich nicht weiß, ob ich dann noch so unbeteiligt sein könnte.

Die 2. Szene: Jesus Christus

Die Kamera hat noch die Landschaft im Blick. Sie schwenkt langsam hinüber zu einem Kreuz. Mitten in dieser Welt voller Leben ein Kreuz. Der Film versucht nun, Erinnerungen wachzurütteln und einzufangen: Wer hat dieses Kreuz da hingestellt? Es waren Hände – den unseren gleich. Wer hat den Gekreuzigten dort angenagelt? Es waren Menschen wie du und ich. Nur ein kleiner Ausschnitt aus unserer Welt. Dieser Justizmord von Jerusalem gäbe nicht einmal eine zugkräftige Schlagzeile für eine Boulevardzeitung.

Hier am Kreuz geschieht für menschliche Begriffe nichts Besonderes und Außergewöhnliches. Aber hier am Kreuz handeln nicht nur Menschen, wie sie immer handeln. Hier handelt ein anderer, und darin liegt das Besondere. Dieser andere ist Gottes Sohn. Und er hebt mit diesem Geschehen die Trennung auf, die wir mit dem altmodischen Wort Sünde umreißen. Er befreit uns damit von der Macht der Sünde, von dieser Macht, die immer wieder eine Trennungslinie ziehen will.

Lassen wir den Autor selbst zu Wort kommen im Film: „Gott sandte seinen Sohn in Gleichgestalt des sündigen Fleisches um der Sünde willen und verurteilte die Sünde im Fleisch."

(Zwischenkommentar:)

Die 2. Szene hat ein konkretes Geschehen gezeigt. Hier wurde in Jerusalem eine Brücke geschlagen vom Ufer des Menschen zum Ufer Gottes, mitten in der Geschichte. Gott hat gemerkt, dass sein Gesetz nicht die Brücke zu ihm sein kann. Er musste neu die Initiative ergreifen, nicht durch Worte, sondern durch eine konkrete geschichtliche Tat, um die Kettenreaktion der Sünde ein für allemal auszuschalten.

Ich weiß nicht, was mich oft dazu bewegt, so weiterzuleben, als wenn nichts gewesen wäre, als wenn dies nicht geschehen wäre. Vielleicht zu weit weg und lange her. Aber mit jedem Riegel mehr vor dem Tor meines Herzens merke ich doch, wie ich unruhiger werde und wie es lauter an mein Ohr dringt: Du brauchst dich nicht mehr von der Macht der Sünde beherrschen zu lassen, weil diese Macht gebrochen ist. Eine andere Macht will in dein Leben eindringen. Eine andere Macht, die ein anderes Licht auf dein Leben wirft. Eine Macht, die nicht von hier ist, aber den Weg zu mir angetreten hat. Zu mir, der ich bin wie ich bin, mit meinen Stärken, Fehlern und Schwächen, mit meinen Lach- und Sorgenfalten im Gesicht. Wie soll ich mich dem stellen, was mich da bestimmen will? Ich schaue erst einmal hin, was jetzt passiert.

3. Szene: Der Geist

Ein Mensch ist zu sehen. Er tanzt mit nach oben geöffneten Armen. Ihn umgibt Musik. Seine Haltung deutet an, dass er nichts anzubieten hat und dass er ganz darauf angewiesen ist zu empfangen. Er ist geöffnet, bereit, die Gabe entgegenzunehmen, die ihm da entgegenkommt. Doch er ist bereits ganz davon bewegt – bewegt vom Geist.

Nicht von irgendeinem Geist, der in seinem Verstand nisten will, damit er besser denken kann, nicht vom Geist des Weines, der in ihm Lebensgeister wecken soll, nicht beseelt vom Geist dieser Zeit, nicht bespukt von einem Burg- oder Schlossgeist. Es ist der Geist Gottes, der so nahe kommt, dass er in ihm Wohnung nehmen will – gegenwärtig, so dass Gott selbst gegenwärtig ist im Geist, nicht mehr fern, so nahe, mitten unter uns.

Ich höre in Gedanken die Musik, die ihn umgibt; die Musik, die wie der Geist ist. Musik kennt keine Grenzen – keine Grenze mehr zwischen Gott und Mensch. Gott kommt zum Menschen, jetzt, auch wenn der Mensch dabei Mensch und Gott dabei Gott bleibt.

Ich höre in Gedanken die Musik, die wie der Geist ist. Sie begeistert. Der Rhythmus wird zum neuen Lebensrhythmus, bei dem man mitgeht, begeistert mitgeht.

Ich sehe, wie der Geist Gottes längst gegenwärtig und behutsam am Werk ist.

Ich sehe Menschen, die sich nicht nur für diese neue Macht des Geistes geöffnet haben, sondern die auch offen sind für andere Menschen.

Ich sehe Menschen, die ihr Leben nicht mehr nach der Macht der Sünde in Selbstgerechtigkeit, sondern in Gerechtigkeit leben.

Ich sehe Menschen, die im Namen Gottes trösten und helfen, weil sein Geist sie dazu ermutigt.

Ich sehe Menschen, die Frieden stiften können, wo man sich streitet, weil sein Geist der Liebe in ihnen wohnt.

Ich sehe Menschen, die Hoffnung über den Tod hinaus haben, weil sein Geist ihnen diese Hoffnung gibt.

Und zum Schluss sehe ich einen Menschen, der betet, und ich höre seine Worte:

„Herr, lass mich die Riegel vor dem Tor meines Herzens öffnen,
damit dein Geist in mir wohnen kann;
damit du der beherrschende Geist meines Lebens bist;
denn durch deinen Geist bist du selbst da,
und das Licht aus den Türen und Fenstern meines Herzens
wird heller und wärmer scheinen.
Amen."

LIED

Komm, o komm, du Geist des Lebens (EG 134)

Fürbitten

Komm heiliger Geist und sieh dir unsere Welt an.
Du siehst wie ungerecht es zugeht.
Lass deine Funken sprühen, damit wir angefeuert werden zu mehr Solidarität.

Komm heiliger Geist und sieh dir unsere Welt an.
Du siehst wie friedlos sie ist.

Lass deinen Wind wehen, damit wir, beflügelt von dir,
Schwestern und Brüder werden.

Komm heiliger Geist und sieh dir unsere Welt an.
Du siehst wie rastlos unsere Seelen sind.
Lass uns deinen Atem spüren, damit wir Ruhe finden in dir.

Komm heiliger Geist und sieh dir unsere Welt an.
Du siehst was wir tun.
Lass deine Energie zwischen uns wirken, damit wir angetrieben werden zu einem ganz neuen Handeln.
Komm heiliger Geist, und mach uns neu. Amen

VATER UNSER

Segen

Gottes Geist ergreife meine Gedanken,
damit ich denke, was recht ist.
Gottes Augen erleuchten meine Blicke,
damit ich sehe, was ich sehen soll.
Gottes Wort spreche mir Kraft zu,
damit meine Lippen sich öffnen.
Gottes Ohr lausche in mir,
um den Lobpreis meiner Seele zu hören.
Gottes Atem durchströme mich,
damit ich schmecke die Würze seines Heils. Amen.

LIED
    Ihr werdet die Kraft des Heiligen Geistes,
    des Heiligen Geistes empfangen (EG 132)

MUSIK

5 Da blüht dir was!

Gottesdienst mit persönlichem Segenszuspruch

Musik

Grußwort

Die Gnade unseres Herrn Jesus Christus und die Liebe Gottes und die Gemeinschaft des Heiligen Geistes sei mit euch allen. Amen.

Eingangswort

Die gepflanzt sind im Hause des HERRN, werden in den Vorhöfen unseres Gottes grünen. Und wenn sie auch alt werden, werden sie dennoch blühen, fruchtbar und frisch sein, dass sie verkündigen, wie der HERR es recht macht.

(Psalm 92,14–16)

Persönliche Begrüßung

Liebe Gottesdienstbesucher!
Das Wort „Blühen" ist mehr als ein Begriff aus der Floristik. Es ist sprichwörtlich zu verstehen. Vielleicht kennen Sie auch einen Menschen, von dem sie sagen können: „Der ist richtig aufgeblüht." Oder sie kennen einen, der sie immer wieder überrascht mit seiner „blühenden Phantasie." Wer

möchte nicht aufblühen und sich entfalten wie eine Blume? Es können unterschiedliche Dinge sein, die uns zum blühen bringen. Uns können Augenblicke und Momente verändern. Wir können spüren, dass in uns etwas aufblüht. Mag sein, dass Ihnen in diesem Gottesdienst im positiven Sinn auch etwas blüht.

LIED

> Freunde, dass der Mandelzweig wieder blüht und treibt
> (EG 620, Liedanhang Niedersachsen/Bremen)

Gebet

Gott,
aus dir sprudelt alles Leben hervor.
Wie schön, wenn das in dieser Jahreszeit sichtbar und spürbar wird.
Wie schön, wenn wir in all den bunten Farben unserer Welt dich erahnen.
Lass deine Kraft wie Sonnenstrahlen einziehen in unsere Herzen,
damit es in uns Sommer werden kann.
Zeig uns, wie wir im vollen Grün der Hoffnung stehen können.
Lass uns verschwenderisch sein mit dem Rot der Liebe.
Durchdringe uns mit dem Blau des Himmels,
mit dem tröstlichen Wissen, dass deine Güte in uns und um uns ist.
Komm zu uns, Gott des Lebens, mit jedem Atemzug,
damit es in uns licht und warm wird.[8] Amen.

---

8 Stähli, Liturgiekommission, 22.

Lesung

„Jesus sagt:
Ich bin gekommen,
dass sie das Leben in seiner ganzen Fülle haben sollen.
Leben wie eine Blüte,
die sich immer der Sonne entgegenstreckt
und sich öffnet dem Licht, der Wärme, dem Tau.
Leben wie eine Frucht,
die langsam reift in jedem Wetter,
die Kraft sammelt und Süße, um alles zu geben zur Freude.
Leben wie ein Licht,
dass entzündet wurde am Osterlicht,
dass alles Dunkel erhellt,
dass aufleuchtet als Wahrheit und Zeugnis.
Leben wie ein Fest,
das mit anderen gefeiert sein will,
das offen ist für das Hinzukommen Vieler,
wo Lieder und Freude zu Hause sind."[9]

LIED
   Wir strecken uns nach dir (Gottesklang Nr. 26)

Predigt

„Da blüht dir was" – dieses geflügelte Wort kennen wir
eigentlich nur in einem negativen Sinn. Wenn man Mist
gebaut hat, dann weiß man selber, was das für Folgen haben
kann und was einem da noch blüht.

Da sagt der Kollege: „Warte nur, bis der Chef mit dir
spricht. Da blüht dir was!" Da sagt die Mutter zum Kind:
„Warte nur, bis Vater nach Hause kommt. Da blüht dir
was!" „Oh, Oh," kann man da nur sagen, und im Magen
zieht sich alles zusammen.[10]

---

9 Eckard, Verweilen, 47f.
10 Eine Spielszene könnte auch ein guter Einstieg in die Predigt sein.

Dabei ist doch „Blühen" etwas Positives. Wenn der Flieder blüht, erfreuen sich die Menschen. Wenn die Rosen blühen, geht das Herz auf. Wenn die Natur in voller Blüte ihren Charme versprüht, dann blühen wir mit auf. Wir möchten zum Abbild werden und selbst aufblühen. Wir möchten nicht mehr traurig sein, sondern Freude soll in uns aufblühen. Wir möchten nicht mehr frieren vor gesellschaftlicher Kälte, sondern die Freundlichkeit der Menschen soll uns zum blühen bringen. „Der blüht ja richtig auf," sagen wir zu einem Menschen, der ausgelassen und heiter zu erzählen beginnt, der einfach vor Freude tanzt, der aus heiterem Himmel zu lachen beginnt. Nichts ist mehr da, was ihn hindern könnte: kein Misstrauen, kein Vorurteil, keine Einschüchterung, alles geschieht in einer Atmosphäre von Wärme und Nächstenliebe.

Wir kennen nur zu gut den Kontrast zwischen Aufblühen und Erstarren, zwischen einer Wohlfühlatmosphäre und einem kalten Miteinander.

Und manchmal wird blühendes Leben um uns herum wahrgenommen, und in uns ist nichts, was blüht, ausgelöst vielleicht durch den Verlust eines Menschen, wie es die Dichterin Ricarda Huch beschreibt:

„Nicht alle Schmerzen sind heilbar,
denn manche schleichen sich
tiefer ins Herz hinein,
und während Tage und Jahre verstreichen,
werden sie Stein.
Du sprichst und lachst,
als wenn nichts wäre.
Sie scheinen zerronnen wie Schaum.
Doch du spürst ihre lastende Schwere
bis in den Traum.
Der Frühling kommt wieder
mit Wärme und Helle.
Die Welt wird ein Blütenmeer.

Aber in meinem Herzen ist eine Stelle,
da blüht nichts mehr."[11]

Wodurch kann es geschehen, dass wir wieder aufblühen? Indem wir nicht nachlassen, vorbehaltlos Liebe zu verströmen. Einfach so. Auch wenn im Herzen da eine Stelle ist, wo nichts mehr blüht. An anderen Stellen im Herzen ist die Liebe noch da. „Die Liebe hört niemals auf," sagt der Apostel Paulus (1 Korinther 13,8).

Wenn wir dann Liebe verströmen, Liebe, die noch da ist, weil sie nicht aufhört; wenn wir dann Sorge tragen für das Glück der anderen, dann wird auch unser Sinn für das eigene Wohlbefinden ausgeprägter werden. Wenn wir ein vertrautes, warmherziges Gefühl gegenüber anderen hegen, wird unser Geist automatisch besänftigt. Dadurch können wir jedwede Angst oder Unsicherheit leichter ablegen und mit allen Hindernissen auf unserem Weg besser fertig werden. Jesus Christus sagt das ja ganz konkret: „Liebe deinen Nächsten wie dich selbst." (Matthäus 5,43) Wer seinen Nächsten liebt, bringt ihn zum Aufblühen und sich selbst auch. Es geht dabei nicht um Eigennutz oder Berechnung, sondern um eine Selbstverständlichkeit, die nicht nach einem Warum fragt. Wenn Gott ein „glühender Backofen voller Liebe" ist, wie Martin Luther es einmal formuliert hat, dann strömt diese Liebe aus und wärmt uns. Und es ist sein Wunsch, dass wir sie in uns aufnehmen und sie weitergeben, und niemals damit aufhören, egal, welche Erfahrungen wir gemacht haben, denn nichts kann uns trennen von der Liebe Gottes.

Was geschieht, wenn eine Blume in einem tiefen Wald erblüht, wo niemand sie sieht und schätzt, niemand ihren Duft wahrnimmt, niemand vorbeikommt und sagt: „Wie schön!", niemand ihre Schönheit würdigt, ihre Freude, niemand da ist, dem sie etwas davon schenken kann – was passiert mit der Blume? Stirbt sie? Leidet sie? Gerät sie in Panik?

11 Huch, unbekannt.

Begeht sie Selbstmord? Sie blüht weiter, sie blüht einfach weiter. Es macht keinen Unterschied, ob jemand vorbeikommt oder nicht; es ist unwichtig. Sie überlässt ihren Duft den Winden. Sie bietet ihre Freude dem Ganzen an. Angelus Silesius sagt das in Bezug auf die Rose:

„Die Ros' ist ohn' Warum, sie blühet, weil sie blühet,
Sie acht't nicht ihrer selbst, fragt nicht, ob man sie siehet."[12]

In einer alten östlichen Geschichte möchte Gott einen Mann für dessen außergewöhnliche Freundlichkeit und reine Absichten belohnen. Er ruft einen Engel herbei und befiehlt ihm, diesen Mann aufzusuchen und zu fragen, was er sich wünscht: Er soll alles bekommen, was sein Herz begehrt. Der Engel erscheint vor dem freundlichen Mann und überbringt ihm die gute Botschaft. Der Mann erwidert: „Oh, aber ich bin bereits glücklich. Ich habe alles, was ich möchte." Der Engel erklärt ihm, dass man mit Gott taktvoll umgehen müsse. Wenn Er jemandem ein Geschenk machen wolle, täte man gut daran, es anzunehmen. Daraufhin entgegnete der freundliche Mann: „Wenn das so ist, möchte ich, dass alle Lebewesen, die mit mir in Kontakt kommen, sich wohl fühlen und aufblühen. Aber ich will nichts davon erfahren." Von jenem Augenblick an geschieht es, dass – wo immer der Mann sich gerade aufhält – verwelkte Pflanzen von neuem erblühen, schwache Tiere wieder stark werden, kranke Menschen gesund, dass von den Unglücklichen die Last abfällt, Feinde Frieden schließen und dass jene, die von Problemen bedrängt werden, sie lösen. All das ereignet sich ohne das Wissen des Mannes – immer hinter seinem Rücken, nie vor seinen Augen. Er empfindet nicht den geringsten Stolz, hegt keinerlei Erwartung. Unwissend und zufrieden beschreitet der freundliche Mann die Wege dieser Welt und verbreitet die Liebe und das Glück unter allen Lebewesen.

12 Silesius, Wandersmann, 53.

Für uns persönlich könnte das heißen:

Öffne dich für das, was Gott dir geben will, damit du aufblühst.
Sei wie eine Schale, empfänglich für Gedanken des Friedens.
Halte deine leeren Hände hin, offen für die Fülle des Lebens.
Öffne dein Herz, bereit für die Kraft der Liebe.
Sei wie gute Erde, gelockert für den Samen der Gerechtigkeit.
Sei wie ein Flussbett, empfänglich für das Wasser der Güte.
Und dann mache dich auf den Weg wie der freundliche Mann und schenke weiter, was du von Gott bekommen hast. Du wirst sehen: da blüht dir was! Amen.

LIED

> Wir wollen aufstehn
> (Fußnoten, Liederheft des 29. Deutschen Evangelischen Kirchentages in Frankfurt am Main 2001, Nr. 25)

Persönliche Segnung

Herzlich wollen wir sie einladen, sich persönlich mit Handauflegung segnen zu lassen.

Die Nähe eines Menschen, auch eine Berührung kann uns zum Aufblühen bringen. In Verbindung mit Gottes Segen, der Ihnen zugesprochen wird, liegt die Erfahrung des Beschenkt-werdens, wie es ein äthiopisches Sprichwort sagt: „Den Acker deines Lebens kannst du nicht selbst bestellen. Den Dschungel deines Herzens kannst du nicht selbst roden. Das Wort, das dir hilft, kannst du dir nicht selbst sagen." Gottes Segen möge Ihnen die Kraft des Aufblühens schenken.

Beispiele eines persönlichen Segenszuspruches

„Gott segne dich,
dass du gepflanzt seist
wie eine Pflanze in einem
fruchtbaren Garten,
in dem du wachsen und gedeihen
und zur vollen Blüte kommen kannst
und gute Frucht bringst."[13]

„Der gesegnete Regen,
der köstliche, sanfte Regen
ströme auf dich herab.
Die kleinen Blumen mögen zu blühen beginnen
und ihren köstlichen Duft ausbreiten,
wo immer du gehst."[14]

LIED

  Komm, Herr, segne uns (EG 170)

Fürbitten

Gott, du bist wie die Luft. Wir können dich nicht sehen und
doch atmen wir deine Gegenwart.
Gott, du bist wie das Meer. Wir können nicht in die Tiefe
deines Geheimnisses vordringen und doch erreichen uns die
Wellen deiner Gerechtigkeit.
Gott, du bist wie eine Quelle. Wir können nicht zum
Ursprung gelangen und doch löschst du unseren Durst nach
Frieden.
Gott, du bist wie eine blühende Wiese. Wir können die Viel-
falt deiner Liebe nicht erfassen und doch begegnest du
jedem ganz persönlich in seiner Einzigartigkeit.

13 Nowak-Neubert, Segensworte, 68.
14 Multhaupt, Wind, 22.

Gott, du bist wie die Sonne. Wir können dich hinter den Wolken unserer Sorgen oft nicht entdecken und doch gibst du uns Wärme.
Wie nah und wie fern du uns auch manchmal sein magst, du bist das Leben in uns und um uns herum. Amen.

VATER UNSER

Segen

Gott,
was in uns wachsen will, das stärke;
was in uns blühen will, das behüte;
was wir anderen geben, das segne. Amen.

MUSIK

6 „Mein Freund, der Baum"
Thomas-Messe in einem Park

(Auf den Wegen im Park, die zum Ort des Gottesdienstes führen, finden die Besucher als Einstimmung auf das Thema Schilder mit Sprichwörtern über Bäume, die sicht- und lesbar in die Bäume gehängt wurden.)

Das Lied „Mein Freund, der Baum" wird gespielt.

Begrüßung

Bäume sind wie Freunde. Sie wecken Erinnerungen. So wie es in dem Schlager von Alexandra aus dem Jahr 1968 besungen wird. Im Liedtext heißt es:

„Ich wollt dich längst schon wieder sehn,
mein alter Freund aus Kindertagen,
ich hatte manches dir zu sagen,
und wusste, du wirst mich verstehn.
Als kleines Mädchen kam ich schon
zu dir mit all den Kindersorgen.
Ich fühlte mich bei dir geborgen,
und aller Kummer flog davon.
Hab ich in deinem Arm geweint,
strichst du mit deinen grünen Blättern
mir übers Haar, mein alter Freund.

Mein Freund der Baum ist tot,
er fiel im frühen Morgenrot."

Vielleicht erinnern Sie sich auch an einen Baum aus Kindheitstagen oder haben einen Lieblingsbaum, zu dem Sie immer wieder gerne hingehen. Berühren Sie ihn auch manches Mal, so wie man einen Freund begrüßt? Wir laden Sie heute ein, die Bäume in Ihrer Erinnerung, aber auch die Bäume, die hier um uns herum sind, als Freunde zu betrachten und als Symbole für menschliches Leben.

LIED

Gott gab uns Atem (EG 432)

Betrachtungen

In der Bibel lesen wir beim Propheten Jeremia (17,7–8):

„Gesegnet aber ist der Mann, der sich auf den HERRN verlässt und dessen Zuversicht der HERR ist. Der ist wie ein Baum, am Wasser gepflanzt, der seine Wurzeln zum Bach hin streckt. Denn obgleich die Hitze kommt, fürchtet er sich doch nicht, sondern seine Blätter bleiben grün; und er sorgt sich nicht, wenn ein dürres Jahr kommt, sondern bringt ohne Aufhören Früchte."

Und beim Propheten Jesaja heißt es (55,12):

„Denn ihr sollt in Freuden ausziehen und im Frieden geleitet werden. Berge und Hügel sollen vor euch her frohlocken mit Jauchzen und alle Bäume auf dem Felde in die Hände klatschen."

LIED

Laudate omnes gentes (EG 181,6)

Für Herrmann Hesse sind Bäume Vorbilder, aber auch Sinnbilder, die sich mit dem menschlichen Leben vergleichen lassen. So wie in den Jahresringen alles geschrieben steht, was ein Baum erlebt hat, so lässt sich das menschliche Leben damit vergleichen, wenn wir an Zeiten von Leid und Glück, von Krankheit und Gedeihen denken.

Hesse schreibt:

„Bäume sind für mich immer die eindringlichsten Prediger gewesen. [...] In ihren Wipfeln rauscht die Welt, ihre Wurzeln ruhen im Unendlichen; allein sie verlieren sich nicht darin, sondern erstreben mit aller Kraft ihres Lebens nur das Eine: ihr eigenes, in ihnen wohnendes Gesetz zu erfüllen, ihre eigene Gestalt auszubauen, sich selbst darzustellen. [...] Ein Baum spricht: In mir ist ein Kern, ein Funke, ein Gedanke verborgen, ich bin Leben vom ewigen Leben. Einmalig ist der Versuch und Wurf, den die ewige Mutter mit mir gewagt hat, einmalig ist meine Gestalt und das Geäder meiner Haut, einmalig das kleinste Blätterspiel meines Wipfels und die kleinste Narbe meiner Rinde. Mein Amt ist es, im ausgeprägten Einmaligen das Ewige zu gestalten und zu zeigen. Ein Baum spricht: Meine Kraft ist das Vertrauen. Ich weiß nichts von meinen Vätern, ich weiß nichts von den tausend Kindern, die in jedem Jahr aus mir entstehen. Ich lebe das Geheimnis meines Samens zu Ende, nichts andres ist meine Sorge. Ich vertraue, dass Gott in mir ist. Ich vertraue, dass meine Aufgabe heilig ist. Aus diesem Vertrauen lebe ich.

Wenn wir traurig sind und das Leben nicht mehr gut ertragen können, dann kann ein Baum zu uns sprechen: Sei still! Sei still! Sieh mich an! Leben ist nicht leicht, Leben ist nicht schwer. Das sind Kindergedanken. Lass Gott in dir reden, so schweigen sie. Du bangst, weil dich dein Weg von der Mutter und Heimat wegführt. Aber jeder Schritt und Tag führt dich neu der Mutter entgegen. Heimat ist nicht da oder dort. Heimat ist in dir innen, oder nirgends."[15]

Lied
Laudate omnes gentes (EG 181.6)

Es ist wohltuend, sich einmal in einen Baum gedanklich zu verwandeln. Ich lade Sie herzlich dazu ein:

Stelle dich möglichst bequem hin. Stelle dir eine große, mächtige Eiche vor. Höre den Wind rauschen, fühlst du die Sonne? Deine Zehen sind deine Wurzeln. Sie graben sich tief in die Erde und nehmen Energie auf. Hebe die Arme über

15 Hesse, Bäume, 9–11.

deinen Kopf. Sie sind deine Äste. Über deine Blätter nimmst du die Energie und das Leben auf, dass dir die Sonne schenkt. Atme tief und gleichmäßig. Du bist diese mächtige, große Eiche. Nimm soviel Energie auf, wie du brauchst und gib sie wieder in den Erdboden ab.

LIED
Wo Menschen sich vergessen (Gottesklang Nr. 25)

Predigt

Der Musiker und Poet Peter Horton hat eine bemerkenswerte Geschichte mit dem Titel „Die Erfindung" geschrieben:

„Es gab eine Zeit, in der der Mensch mit den Bäumen sprach. Wenn die Arbeit ruhte, badete er seine Hoffnung in ihren Schatten und lauschte ihrer Freude, die die Erde pries und die Farben der Sonne. Nachts, wenn die Menschen schliefen, flüsterten die Bäume vor ihren Fenstern und erzählten von der Zärtlichkeit des Windes und dem Gleichmut der Sterne, von der Kraft des Sturmes und vom Trommelruf der Wasser, den die Brandungen der Meere in die Kontinente meißelten. Sie wiegten sich im Rhythmus der Erde, der im Erz der Berge widerhallt. Da wurden die Träume der Menschen wie Arznei.

Eines Tages erfand ein Gelehrter das Zählen der Blätter auf den Bäumen. Zuerst begriff keiner diesen Fortschritt, und man tat ihn ab als etwas für Experten. Dann aber wuchs das Verständnis, und man half einander über Anfangsschwierigkeiten hinweg, bis die Erfindung und ihre Anwendung ein Bestandteil bürgerlicher Kultur waren. Jeder pflegte sein persönliches Zahlenarchiv. Es entstanden Nachbarschaftsgruppen, gemeinnützige Zählvereine und humanistische Hilfszirkel für Zählgestörte. Forschungsprojekte wurden ins Leben gerufen mit Zählexpeditionen in ferne Länder. In den Tresoren lagen bald Pläne für den Fall der Überwindung der Distanz zu den anderen Planeten, wo man mit eminenten Fortschritten in den zählenden Wissenschaften rechnete. Vorausgesetzt natürlich, dass es dort Blätter gab. In den Städten entstanden Betonpaläste, worin die Fülle des neuen Wissens archiviert und verwaltet wurde.

Die Schatten der Bäume indes waren anders geworden. Ihr Flüstern und ihre Lieder fanden kaum noch Gehör. Die Träume der Menschen kauerten obdachlos neben den Betten oder streunten wie verwahrloste Hunde durchs schlafende Gemüt. Dabei fraßen sie von allem, was sie fanden, auch von den Resten der Hoffnung. Bald war über die Zeit eine Hecke aus Zahlen gewuchert, die das Leben in einer merkwürdigen Art von Obhut barg.

Die Geschichte endet hier, weil nichts Erzählenswertes mehr geschah.

Es sei denn, man misst dem Bedeutung bei, was an einem Frühlingstag passierte: Ein Vogel saß in der Uferweide und sang. Ein Kind, das nicht zählen konnte, spielte am Blumensaum des Wassers, und die Sonne balgte mit seinem blonden Frohsinn. Der Wind entlockte den Saiten der Natur duftende Töne, und ein wacher Narr stand fassungslos da und atmete die Szene mit einem lauten Seufzer in sich hinein. Da kamen wie auf ein ersehntes Signal alle zahlenfreien Gedanken der Menschen aus ihren Verstecken hervor und gesellten sich zu denen des Narren. Ein vergessen gewesenes Wir schwebte über den Wiesen und wehte hinüber in die Stadt, strich an den Häusern und Gärten entlang und sickerte in die Zwischenräume der gezählten Ordnung. Die Bäume sangen wieder, und ihre Lieder waren genauso als wie die Lust zu essen und so neu wie das tägliche Frühstück.

Dieser Tag entzog sich seiner Denkwürdigkeit durch eine List: Er hatte kein Datum. Deshalb kann man nicht sagen, seit wann es wider möglich ist, zu wählen zwischen Messen und Fühlen, je nachdem wessen einer gerade bedarf."[16]

War das bei uns früher auch so, als wir noch Kinder waren und in die Bäume geklettert sind? Als das Fühlen noch nicht so berührt war von Zahlen, Fakten, Daten und Alltagstrott? Als die Tage für uns als Kinder noch kein Datum hatten und die Zeit nicht messerscharf eingeteilt war? Was ist geblieben? Nur eine Erinnerung?

Fabian Probst spürt dem in einem Gedicht nach:

16 Horton, Apfelhimmel, 23–25.

„Ich habe noch sein altes Bild
in meiner Hosentasche;
das Bild des Apfelbaums.
Und manchmal spür ich noch
das Rauschen in den Wipfeln,
den Lufthauch,
wie ein Flüstern durch die Zweige,
das von den alten Sagen sprach.

Darunter wir, den Blick
aus Kinderaugen nur nach vorn,
und nur die Welt war unser Ziel.
Nicht, dass wir große Pläne hatten,
doch war da irgendein Gefühl;
wir spürten noch das hohe Gras,
ein Meer aus Blüten, Duft
und Sonne in den Ritzen.

Und zwischen unsern Fingerspitzen,
die Früchte, die wir klauten,
den Tag uns zu versüßen.
Die Zukunft zu den blanken Füßen;
wir kauten Stroh, und sogen Tage,
die Halme auf dem Feld geschnitten,
oder einfach abgebrochen.
Das war uns doch genug.
Wir waren Räuber und Piraten.

Das Bild ist fast verblichen,
auch die Erinnerung fällt schwer.
Doch manchmal, durch vergilbte Sterne,
da seh' ich, fern der Postmoderne,
Momentaufnahmen in der Nacht,
wenn ich die Augen schließe.
Dann ist es so, als sei da mehr.
Ein wohl vertrautes Rascheln, und
der Wind in meinen Taschen."[17]

17 Probst, Apfelbaum.

Die Nähe zu den Bäumen, die sowohl in der Geschichte als auch in dem Gedicht beschrieben wird, das Hören ihrer Lieder, das Flüstern durch die Zweige, das Entdecken eines vergessen geglaubten Wir-Gefühls mit den Bäumen, lässt erahnen, das es das noch gibt: die Freundschaft zu einem Baum. „Mein Freund der Baum!" Wer einmal in einem Baum gesessen hat, wer einmal einen Baum berührt hat oder ihn vielleicht sogar umarmt hat, spürt etwas von der Energie, die von ihm ausgeht, von der Lebenskraft, von seiner Schönheit und Erhabenheit, von seiner Widerstandskraft und seinen wechselvollen Erfahrungen. Vergleiche kommen deshalb zwangsläufig wie beim Propheten Jeremia (17,7–8):

„Gesegnet aber ist der Mann, der sich auf den HERRN verlässt und dessen Zuversicht der HERR ist. Der ist wie ein Baum, am Wasser gepflanzt, der seine Wurzeln zum Bach hin streckt. Denn obgleich die Hitze kommt, fürchtet er sich doch nicht, sondern seine Blätter bleiben grün; und er sorgt sich nicht, wenn ein dürres Jahr kommt, sondern bringt ohne Aufhören Früchte."

Glücklich der Mensch, der solche Zuversicht hat, weil er sich auf den Herren verlassen kann, der sich deshalb vor Veränderungen nicht fürchten muss und der die Früchte seines Lebens ernten kann. Glücklich, dieser Mensch. Er ist wie ein Baum.

Glücklich der Mensch, der Gottes Geist, seinen Wind nicht nur in der Tasche hat als Erinnerung, als Momentaufnahme, sondern der ihn in sich spürt als Lebenskraft, weil Raum in ihm ist für Gottes Geist. So die Bitte von Paul Gerhard in seinem Lied „Geh aus mein Herz," in dem es in der 14. Strophe heißt: „Mach in mir deinem Geiste Raum, dass ich dir werd ein guter Baum, und lass mich Wurzel treiben."

Im Baum finden wir also unser Gleichnis. Wir können in seinen Wurzeln, im Stamm, in der Krone, im Blühen, Fruchtbringen und Verlieren der Blätter Parallelen zu unserem eigenen Leben entdecken.

So wie der Baum in der Erde wurzelt ist, stehen wir mit den Füßen auf der Erde. So wie der Baum sich senkrecht gen Himmel aufrichtet, stehen und gehen wir mit aufgerichteter

Wirbelsäule. Und so wie der Baum seine Kopfkrone im Luftraum ausbreitet und nach oben wächst, so erschließen wir den uns umgebenden Raum mit Hilfe der ausgreifenden Arme. Es ist dieses Stehen zwischen Himmel und Erde, welches Menschen und Bäume auf körperlicher Ebene verbindet. Und so wie jeder Baum Jahresringe hat, so war auch für uns jedes Jahr wichtig, und wir sind so geworden wie wir jetzt sind.

In Mythos, Dichtung und Kunst drückt sich dies in der Vermenschlichung von Bäumen und umgekehrt in der „Verbäumlichung" von Menschen aus. In der Sprache sind ja verschiedene Ausdrücke gebräuchlich, die ebenfalls an genau dieser Gleichartigkeit ansetzen: „Ein Mann wie ein Baum," in einer sozialen Gruppe „verwurzelt sein," „aus gleichem oder anderem Holz (geschnitzt) sein." Darin zeigt sich, dass die körperliche Spiegelung im Baum mehr oder weniger bewusst praktiziert wird und den Baum damit zu einem selbstverständlichen Ursymbol für den Menschen macht. Ein deutlicheres Argument für die unbedingt wechselseitige Lebenspartnerschaft zwischen Menschen und Bäumen kann man sich gar nicht vorstellen, wenn man daran denkt, dass wir ohne Bäume gar nicht leben könnten, denn alle Lebewesen, wo auch immer auf der Erde sie sich bewegen, benötigen Sauerstoff zum Atmen. Das von den Chlorophyll tragenden Pflanzen, allen voran den Bäumen, durch Umwandlung des Kohlendioxids produzierte und ausgestoßene Gas macht das Pulsieren des Lebens in der gesamten Natur erst möglich, ist die Grundvoraussetzung aller Lebensstufen und schafft eine Atmosphäre, welche die Erde so einzigartig unter allen bisher bekannten Himmelskörpern des Universums macht. Also, es kann gar nicht anders sein, als das ich ganz deutlich sagen muss: „Mein Freund der Baum."

Nehmen Sie einfach mal den Wurzelbereich des Baumes als Bild für ihre Seele. Manchmal ein dunkler Bereich, aber da ist Energie, die ich für mein Leben brauche – positive Energie. Da steckt die Zuversicht drin, von der Jeremia spricht, wenn man sich auf den Herrn verlassen kann.

Nehmen sie einfach den Stamm des Baumes als Bild für ihren Körper. Leben wir ein Leben als „Krummes Holz," wie Immanuel Kant die Menschen nannte, oder teilen wir die Sichtweise von Ernst Bloch, dass der aufrechte Gang das Bild für den Menschen ist, der nach einer Bestimmung strebt. Wie kommt krummes Holz zum aufrechten Gang? Wie bekommt das Leben einen Sinn?

Nehmen sie einfach die Krone des Baumes als Bild für ihren Geist. So wie die Krone sich ausstreckt in den Himmel, so können sich unsere Gedanken ausstrecken in himmlische Weiten.

Der Baum als Einheit von Wurzel, Stamm und Krone ist Bild für die Einheit des Menschen im Hinblick auf seine Seele, auf seinen Körper und auf seinen Geist.

So hilft zum Beispiel die Betrachtung eines Baumes, Verborgenes hervorzuholen, es im Äußeren näher zu betrachten und möglicherweise zu transformieren oder fortzuentwickeln. Dieser Erkenntnisumweg über das starke, weil in einer verbindenden Urkraft verwurzelte, Symbolsystem „Baum" hilft uns, unseren Lebensweg auf ein Ganz-Werden hin auszurichten.

So kann es ein spannendes Spiel werden beim Betrachten, Berühren und Umarmen eines Baumes, um sich selbst auch wieder neu zu entdecken, nach der Einheit von Seele, Körper und Geist zu fragen und einfach dabei die Bitte auszusprechen: „Komm, Gott, komm Jesus Christus, komm Heiliger Geist, lass mich wie dieser Baum sein: fest verwurzelt, aufrecht stehend und dem Himmel zugewandt. Amen."

LIED
Pflanze einen Traum in den Sand (Quelle unbekannt)

(Mein Baum und ich – persönliche Statements, Erfahrungen und Erlebnisse mit Bäumen werden von Gottesdienstbesuchern geschildert)

LIED
Wir wollen aufstehn (Fußnoten Nr. 25)

(Offene Phase, in der Gebete auf bunte wetterfeste Folien ge-
schrieben werden. Die Gebete werden in einen großen Apfel-
baum gehängt, der durch diese Aktion zu einem Wunsch-
baum wird. Während der Offenen Phase kann man sich
auch persönlich segnen lassen und erhält eine Karte mit dem
Bild einer Blüte eines Mandelbaumes und einem Chinesi-
schen Sprichwort: „Ich sagte zu dem Mandelbäumchen:
Erzähl mir von Gott! Und das Bäumchen fing an zu blü-
hen.")

CHOR
    Bridge over troubled water

Gebet

„Herr, wie ein Baum, so sei vor dir mein Leben,
Herr, wie ein Baum, sei vor dir mein Gebet.
Gib Wurzeln mir, die in die Erde reichen,
dass tief ich gründe in den alten Zeiten,
verwurzelt in dem Glauben meiner Väter.

Gib mir Kraft, zum festen Stamm zu wachsen,
dass aufrecht ich an meinem Platze stehe
und wanke nicht, auch wenn die Stürme toben.
Gib, dass aus mir sich Äste frei erheben,
oh meine Kinder, Herr, lass sie erstarken,
und ihre Zweige recken in den Himmel.
Sei Zukunft mir und lass die Blätter grünen
und nach den Wintern Hoffnung neu erblühen,
und wenn es Zeit ist, lass mich Früchte tragen.
Herr, wie ein Baum,
so sei vor dir mein Leben,
Herr, wie ein Baum,
sei vor dir mein Gebet." [18] Amen.

18 Zenetti, Zeitvermehrung, 236.

LIED
>
> Freunde, dass der Mandelzweig
> (EG 620, Liedanhang Niedersachsen/Bremen)

Sendung und Segen

Du musst nicht der schönste Baum sein, hoch und erhaben.
Du musst nicht immer leuchten vor lauter Blüten an allen
deinen Zweigen, Jahr für Jahr.
Es reicht schon, wenn eine Blüte an irgendeinem Ast auf-
bricht und sich öffnet,
so wie du dein Herz öffnest und einem anderen Menschen
deine Liebe schenkst.
Dazu gebe Dir Gott seinen Segen. Amen

CHOR
>
> Swing low

Ein Apfelbäumchen wird gepflanzt.

7 Holidays – Holy Days – Heilige Tage

Gottesdienst mit Reisesegen vor Ferienbeginn

Musik

Grußwort

Im Namen Gottes, der am 7. Tag ruhte, als er die Welt erschuf;
im Namen seines Sohnes Jesus Christus, der sich Ruhe und
Schlaf gönnte, als das Boot, auf dem er mit den Jüngern war,
schon fast zu kentern drohte;
im Namen des Heiligen Geistes, der mir Ruhe und Kraft
schenkt. Amen.

Eingangswort

Fürwahr, meine Seele ist still und ruhig geworden wie ein
kleines Kind bei seiner Mutter;
wie ein kleines Kind, so ist meine Seele in mir.

(Psalm 131,2)

Begrüßung

Stille, Ruhe, Erholung – das suchen die einen im Urlaub.
Action, Abenteuer, Party – das suchen die anderen. Die
Erwartungen sind hoch jetzt vor Beginn der Sommerferien.
   Alle reden vom Wetter und von den Staus auf den Straßen.
Auch das noch. Die Reiseveranstalter überschlagen sich mit

Superlativen und versprechen Reisen ins Paradies, in eine Welt voller Abenteuer oder locken mit AllInclusive-Angeboten. Sicher haben sie schon alles geplant und freuen sich auf unbeschwerte Tage, wo auch immer die Reise hingeht. Und wenn Sie die Koffer packen, dann lassen Sie ein wenig Platz für das, was Sie vielleicht mitbringen möchten, ein Andenken, das die Erinnerung lebendig hält. Und nehmen Sie viele gute Segenswünsche von diesem Gottesdienst mit auf Ihre Reise.

Lied

> Lobet und preiset, ihr Völker, den Herrn (In Gottes Namen fahren wir – Lieder und Gebete für unterwegs, S. 52)

Gebet

Gott, wir sehnen uns nach Tagen, in denen wir ruhig werden und ausspannen können.
Wir sehnen uns danach, die Wärme der Sonne zu fühlen, beim Wandern durch die Natur oder beim Liegen am See, die Schönheit der Natur zu genießen.
Wir sehnen uns danach, wieder neuen Halt zu finden und aus der Kraft der Mitte zu leben.
Gott, hilf uns, dass sich unsere Seelen im Urlaub weiten und die Alltagssorgen uns nicht mehr belasten und wir dir begegnen: vielleicht im Wind, im Lachen oder in der Stille. Amen.

Lesung

„Einmal sollte man seine Siebensachen
Fortrollen aus diesen glatten Geleisen.
Man müßte sich aus dem Staube machen
Und früh am Morgen unbekannt verreisen.

Man sollte nicht mehr pünktlich wie bisher
Um acht Uhr zehn den Omnibus besteigen.

Man müßte sich zu Baum und Gräsern neigen,
Als ob das immer so gewesen wär.

Man sollte sich nie mehr mit Konferenzen,
Prozenten oder Aktenstaub befassen.
Man müßte Konfession und Stand verlassen
Und eines schönen Tags das Leben schwänzen.

Es gibt beinahe überall Natur,
– Man darf sich nur nicht sehr um sie bemühen –
Und soviel Wiesen, die trotz Sonntagstour
Auch werktags unbekümmert weiterblühen.

Man trabt so traurig mit in diesem Trott.
Die anderen aber finden, daß man müßte…
Es ist fast so, als stünd man beim lieben Gott
Allein auf der schwarzen Liste.

Man zog einst ein Lebenslos „zweiter Wahl".
Die Weckeruhr rasselt. Der Plan wird verschoben.
Behutsam verpackt man sein kleines Ideal.
– Einmal aber sollte man… – (Siehe oben!)"[19]

Lied
    Vertraut den neuen Wegen (EG 395)

Predigt

Das Wort „Urlaub" kommt von „erlauben." Was erlaube ich
mir also, wenn ich Urlaub mache? Ich erlaube mir, einmal
richtig Ferien zu haben. Ferien – das Wort „Ferien" kommt
vom lateinischen Wort „feriae" und heißt übersetzt: „Festtage,
Ruhetage." Ich erlaube mir also eine Zeit von Fest- und
Ruhetagen. Die englischsprachigen Länder bringen es noch
präziser auf den Punkt, wenn sie von „holiday" sprechen.
„holiday" ist „holy day," zu Deutsch: „Heiliger Tag." Ich erlaube mir nicht nur eine Zeit von Fest- und Ruhetagen,

---

19 Kaléko, Stenogrammheft, 57.

sondern es sind auch heilige Tage, besondere Tage, die ich verleben möchte in meinem Urlaub. Und das scheint tatsächlich so zu sein. Nichts ist uns Deutschen so heilig wie unsere Urlaubstage.

Wir Deutschen sind Weltmeister im Verreisen, besonders ins Ausland. Im Schnitt verbringen 70 von 100 Deutschen ihren Urlaub im Ausland. Keine andere Nation beharrt auf eine perfekte Urlaubswelt so sehr wie die deutsche. Deutschland war auch die erste Nation in Europa, die das Reiserecht im Bürgerlichen Gesetzbuch verankerte.

Auf keinen anderen Tagen des Jahres lastet ein derartiger Erwartungsdruck wie auf dem Urlaub, sieht man mal von Weihnachten ab. Es ist gut möglich, in der Ferienzeit in eine Krise zu stürzen oder einer Depression zu verfallen. Und was psychologisch schwer zu lösen ist, wird schnell auf die äußeren Umstände projiziert. Krabbelt eine Kakerlake durchs Bad oder hängt ein Gecko kopfüber von der Zimmerdecke im Hotel, folgt Monate später der Gang zum Kadi. Der Urlaub ist schon eine heilige Sache.

Manche Chefs sind da aber ganz anderer Meinung. Sie meinen, dass ein Urlaub uns gar nicht zusteht, wie man an einem Rechenbeispiel schmunzelnd feststellen kann: „Kommen Sie mir ja nicht wegen Urlaub! Haben Sie denn gar keine Ehre im Leib? Wissen Sie überhaupt, wie wenig Sie arbeiten? Ich will Ihnen das einmal vorrechnen: Das Jahr hat bekanntlich 365 Tage, nicht wahr? Davon schlafen Sie täglich 8 Stunden, dass sind 122 Tage – bleiben noch 243 Tage. Außerdem haben Sie täglich 8 Stunden frei, das sind ebenfalls 122 Tage – also bleiben noch 121 Tage. Sie rechnen doch mit? Sonntags wird nicht gearbeitet. Das sind wiederum 52 Tage – verbleiben noch 69 Tage. Samstags Nachmittag wird auch nicht gearbeitet. Das sind nochmals 52 halbe oder 26 ganze Tage – bleiben noch 43 Tage. Aber weiter: Sie haben täglich 2 Stunden Pause, also insgesamt 30 Tage. Was bleibt übrig? Ein mickriger Rest von 13 Tagen! Das Jahr hat 12 Feiertage – was bleibt übrig? Sage und schreibe 1 Tag! Und das ist seit der Wende der 3. Oktober, an dem wird auch nicht gearbeitet! Und da wagen Sie es noch, Urlaub zu beantragen?"

Gut, dass es ein Recht auf Urlaub gibt. Gut, dass es den Wechsel von Arbeit und Ruhe gibt, von Gott ja höchstpersönlich vorgelebt, als er am 7. Tag ruhte, nachdem er sich 6 Tage mit der Schöpfung beschäftigt hatte.

Doch schauen wir einmal genauer auf die Art des Urlaubs. Wie machen wir eigentlich Urlaub, und was ist uns wichtig in diesen heiligen Tagen des Jahres? Vielleicht kommen wir mit einer kleinen Typologie näher ran. Vier fiktive Personen, vier Charaktere verkörpern in beispielhafter Weise vier unterschiedliche Urlaubstypen, mit denen Reiseveranstalter bei der Erstellung ihrer Angebote rechnen. So schrieb die „Zeit" in ihrer Ausgabe vom 01.04.04:

„Da wäre zunächst der Berliner Klempnergeselle als Pauschalurlauber. Er reist im Sommer nach Mallorca oder im Winter schon mal in den Diana-Beach-Club in Kenia, wobei er auch im Februar auf der Fahrt zum Flughafen Berlin-Schönefeld kurze Hosen und weiße Socken trägt. Am Strand erweitert er seinen Horizont, macht Taucherschnupperkurse oder eine Tagessafari in einen Nationalpark. Am Abend genießt er die Exotik, wenn beim Büffet die Massai trommelnd um die Tische tanzen, und nach der Rückkehr aus dem Urlaub begrüßt er die Kollegen mit ‚Jambo, Jambo!'

Die Bielefelder Arztgattin würde so etwas nicht tun. Sie ist Kreativurlauberin, bucht zwar pauschal, aber irgendwie besonders. Als die Kinder noch klein waren, kraxelte die Familie durch die Berge von Nepal. Eine echte Strapaze! Danach ging es nur noch in den Robinson-Club, Kinderbetreuung inklusive. Ist der Nachwuchs aus dem Haus und findet der Mann eine Praxisvertretung, malt sie Aquarelle in der Provence oder töpfert in der Toskana. Mit dem Alter ist sie empfindlicher geworden, was das Essen angeht, und braun zu sein, ist für sie nicht mehr ein Zeichen gelungener Erholung. Auf dem Rückflug kauft sie im Flughafen noch Bodylotion von Biotherm für ihre Söhne ein.

Der Passauer Geschichtslehrer hat in seinem Hartschalenkoffer neben dem Baedecker auch ein Aufzeichnungsgerät für das Gespräch mit dem Reiseleiter sowie Stift und Block und einen Zollstock. Er ist der klassische Bildungsurlauber. In Ägypten misst er die Grabkammern aus, und vierzig grad Celsius bringen ihn nicht davon ab, seinen Wollpullover anzuhalten. Sieht er im Hotel einen Schuhputzer, läuft er schnell weiter und denkt: ‚Ich bin doch kein Neokolonialist!'

Von dem dynamischen Hamburger New-Economy-Manager wird er stets etwas belächelt, denn wer wirklich etwas auf sich hält, ist heutzutage Trendurlauber. Dessen Ziele sind Hotels, egal, in welchem Land sie stehen, Hauptsache, sie sind ‚designt', haben eine Lounge und beschallen ihn 24 Stunden lang mit Chillout-Musik. Men's Health liegt im Samsonite des Trendurlaubers ganz oben – Urlaub heißt für ihn auch, am Waschbrettbauch zu arbeiten. Der Trendurlauber hat sein 3500–Euro-Mountainbike oder sein Surfboard zum Wellenreiten dabei. Er reist schon mal allein, was ihn an Studentenzeiten erinnert, als er noch auf eigene Faust mit Brustbeutel unterwegs war."

Pauschaltourist, Individualtourist, Alternativtourist, Billigflieger, Charterflieger, Last-Minute-Flieger, mit dem Flugzeug, mit der Bahn, mit dem Schiff, mit dem Fahrrad oder zu Fuß als Pilger, Meer, Berge oder Wüste, egal – was steckt hinter der Reiselust? Was steckt hinter der Besonderheit dieser heiligen Tage? Was ist die Ursache für unseren regelrechten Drang nach Urlaub? Es steckt in dem Wörtchen „Ur!" Wir wollen wieder Ur-Erfahrungen machen im Ur-Laub! Längst Vergessenes, längst der Oberflächlichkeit Preisgegebenes soll wieder gewonnen werden. Eine Ur-Sehnsucht stellt sich ein. Endlich mal Zeit, auszuspannen, sich gehen zu lassen, abzuschalten, das Kind in mir zu spüren. Einmal wieder leben und nicht gelebt werden, einmal wieder tief durchatmen, einmal wieder in sich hineinleuchten, einmal wieder mit sich ins Reine kommen, einmal wieder Bilanz ziehen vor Gott, einmal wieder Distanz gewinnen, einmal wieder danken und beten, einmal wieder schauen und hören, einmal wieder riechen und schmecken, einmal wieder tasten und fühlen, einmal wieder leben…

Es sind die ganz einfachen Dinge, die als Ur-Sehnsucht in uns bleiben und sich melden. Schön, wenn sie im Ur-Laub wieder an die Oberfläche kommen, wir uns erlauben sie zuzulassen, sodass die Zeit des Ur-Laubs mit den gemachten Ur-Erfahrungen hineinstrahlt in unseren Alltag.

Ich wünsche Ihnen deshalb einen gesegneten Urlaub mit Worten eines Reisesegens:

„Unser Gott, dem keine Wege fremd sind,
gehe mit uns in neues Land.
Er lasse unsere Reisewege sicher sein
und uns wohlbehalten heimkehren
an den Ort, von dem wir aufgebrochen.
Er lasse uns Freude finden
an den Werken Seiner Schöpfung
und Freude an dem jetzt noch Fremden.

Er schenke uns ein feines Gespür
und ein offenes Herz,
dass wir nicht nur die Sprache
der Menschen verstehen,
sondern auch, was deren Seele schreibt
und ihre Träume nährt.
Unsere Zunge möge sich freuen
an uns unbekannten Früchten
und unsere Augen an Bäumen,
Pflanzen und Blumen,
deren Form und Farbe wir noch nie gesehen
und deren Duft die Nase bisher nicht kennt.

Er lasse sich finden auch dort,
wo Sein Name anders gesprochen
und die Nachricht von Ihm
uns fremd erscheint.

So wird unser Herz sich weiten –
und unser Glaube neue Bilder
von Ihm entdecken.

Er lasse uns heil zurückkommen
in unser Haus,
erfüllt von der Schönheit Seiner Welt,
erholt und erfreut für unseren Alltag.

Das gewähre uns der Gott,
der ausgezogen ist mit Seinem Volk
in ein neues Land: der Vater, der all das geschaffen,
der Sohn, der diese Erde geliebt,
und der Geist, der alles in Atem hält.

Amen."[20]

LIED

Wir haben Gottes Spuren festgestellt
(Gottesklang Nr. 84)

Persönlicher Segenszuspruch

(*Wer möchte, kann sich unter Handauflegung persönlich
segnen lassen, während leise Instrumentalmusik erklingt. Bei
dieser Aktion können auch Segensbändchen und Aufkleber
mit den Worten „Fahr nicht schneller als dein Schutzengel
fliegen kann" verteilt werden*)

LIED

Wo Menschen sich vergessen
(gemeinsam unterwegs Nr. 138)

Fürbitten

Gott, wenn wir unter blauem Himmel Schäfchenwolken sehen,
die geruhsam ihre Bahnen ziehen,
wenn sattes Grün uns anlacht,
wenn die Sonne sich im Meer spiegelt,
wenn in den Kulissen des Sommers die Sehnsucht ihren
Staub abwirft

---

20 Jung, Gesegnet, 62f.

und die einfachen Dinge des Lebens wieder zum Vorschein kommen,
wenn in der wunderbaren Schöpfung bisher Ungelebtes sich wieder in uns regt,
wenn die Welt in ihrer Vergänglichkeit plötzlich still steht,
dann lass uns diesen paradiesischen Augenblick genießen,
weil wir dann eins sind mit dir,
durch den alles geheilig ist, was lebt. Amen.

VATER UNSER

LIED

> Möge die Straße uns zusammenführen
> (gemeinsam unterwegs Nr. 157)

Segen

Der Herr behüte dich vor allem Übel,
er behüte deine Seele.
Der Herr behüte deinen Ausgang und Eingang
von nun an bis in Ewigkeit! Amen.

(Psalm 121, 7–8)

MUSIK

8 Es begann in Eden

Gottesdienst in einem großen Garten

POSAUNEN

Grußwort

Wir feiern
die göttliche Kraft, die in der Schöpfung wirkt,
die göttliche Liebe, die uns Jesus Christus schenkt,
den göttlichen Geist, der uns geschwisterlich verbindet.
Amen.

Eingangswort

Und du wirst sein wie ein bewässerter Garten und wie eine
Wasserquelle, der es nie an Wasser fehlt.

(Jesaja 58,11b)

Persönliche Begrüßung

Liebe Gottesdienstbesucher!
Das Prophetenwort spricht davon, dass unser Leben vergleichbar mit einem Garten ist. Mittlerweile leben mehr Menschen in Städten als auf dem Lande. Wie viel nehmen wir zwischen Asphalt und Beton, zwischen Häuserfluchten und Verkehrsnetzen noch von der faszinierenden Schönheit

79

und Vielfalt der Schöpfung wahr? Kann da nicht auch mit dem zunehmenden Mangel an Wahrnehmung unsere seelische Innenwelt öde und leer werden anstatt wie ein Garten zu blühen? Gibt es nicht eine Ursehnsucht nach dem Paradies, dass da, wo wir uns mit Liebe und Achtsamkeit der Schöpfung zuwenden, auch unsere Seelenlandschaft wieder zu blühen beginnt wie ein prachtvoller Garten?

LIED

> Erd und Himmel sollen singen (EG 499)

Gebet

Herr, in allem, was existiert, kann ich dir begegnen:
in einem Menschen, der auf mich zukommt,
in einem Vogel, der den Himmel mit Gesang füllt,
in einem Baum, der mir mit seinen kräftigen Zweigen Geborgenheit schenkt.
Jede Pflanze und jedes Tier trägt Leben in sich und somit deinen Atem.
Dein Atem strömt auch durch mich.
Dein Atem hat Adam und Eva das Leben gegeben, als du noch im Garten Eden, im Paradies,
in deinem Garten gelebt hast.
Ist deshalb meine Sehnsucht nach dir so groß, wenn ich einen Garten als Bildnis für mein Leben sehe, wenn er zu meiner Seelenlandschaft wird, in der meine Seele der Pflege bedarf, des achtsamen Umgangs, damit die Pflanzen der Liebe und des Glaubens wachsen können?
Herr, komm' in meinen inneren Garten! Amen

LESUNG

> Genesis 2,8–9.15

LIED

> Himmel, Erde, Luft und Meer (EG 504)

Das Leben kann beides sein: wunderschön und schwer. Diese Erfahrung kennt jeder von Ihnen. Wir leben in einem Zwiespalt, und irgendwie muss jeder versuchen, mit diesem Zwiespalt fertig zu werden. Ich glaube, jeder hat sich schon einmal gefragt: Warum ist das so? Warum kann das Leben nicht eindeutiger sein? Hinter dieser Urfrage des Menschen steht eine biblische Erzählung: die Geschichte von Adam und Eva. Die erste Hälfte der Erzählung am Anfang der Bibel spricht von der wunderschönen und paradiesischen Seite des Lebens, die zweite Hälfte von der bedrückenden Situation des Menschen. Der Erzähler dieser Geschichte will die entscheidenden Aspekte des Menschseins herausstellen, die für alle Menschen und Zeiten gelten. Gott schafft die Grundlagen für das Leben. Gerade hier, wo wir uns jetzt befinden, können wir Grundlagen des Lebens wahrnehmen: den Apfelbaum dort hinten, die Kräuter, die hier wachsen, die Bäume und Sträucher, die uns umgeben: der Schöpferwille ist ganz klar erkennbar und erfahrbar. Gott hat uns gegeben, was wir zum Leben brauchen. Und dann gibt es die andere Seite: die Schuld des Menschen. Der Wille zur Zerstörung, was gut ist. Wir leben nicht mehr im Paradies, nicht mehr im Garten Eden. Wir leben im Zwiespalt von dem, was uns als Grundlage gegeben ist und dem, was wir immer wieder als bedrückend empfinden, wenn uns die Schuld plagt. Wie kommen wir wieder näher an die Paradiesseite ran? Es scheint so eine Art Ur-Sehnsucht nach dem Paradies zu geben, nach einem Lebensraum, in dem ich sinnerfüllt leben kann. Und hier kommt der Garten ins Spiel. Im Genesis 2,15 heißt es: „Und Gott der HERR nahm den Menschen und setzte ihn in den Garten Eden, dass er ihn bebaute und bewahrte." Gott schafft dem Menschen einen ganz spezifischen Lebensraum, einen Garten, den Garten Eden. Dieser Garten gewährt Raum zum Leben. Man kommt dem näher, was Gott dem Menschen gegeben hat, wenn man sich die Bedeutung der Begriffe wie „Garten," „Paradies" und „Eden" vor Augen führt. „Garten," aus dem indogermanischen Wort-

stamm „ghordo" entwachsen, bedeutet so viel wie: „Flecht-
werk," „Zaun," „Hürde." Bei dem Wort „Hürde" erkennen
wir das lateinische Wort für Garten wieder:„hortus." Schutz-
raum ist gemeint, wie bei einem Kindergarten und wie bei
einem Kinderhort. Auch das aus dem Altpersischen stam-
mende Wort „Paradies" bedeutet nichts anderes als „Umzäu-
nung, Umwallung." Und das Wort „Eden" bedeutet soviel
wie „Wonne". Einen geschützten Raum voller Wonne hat
Gott dem Menschen mit dem Garten gegeben. Wenn man
bedenkt, dass im damaligen Orient nur reiche Menschen
einen Garten besaßen, dann war Gott gerade das Beste gut
genug für den Menschen. Der Mensch soll versorgt sein,
und er soll Freude haben in einem geschützten Lebensraum.

In einem Sprichwort heißt es: „In einem Garten ging das
Paradies verloren, in einem Garten wird es wieder gefunden."
Wenn wir uns bewusst machen, dass der Garten so etwas wie
ein Symbol unseres Lebens ist, dann wird deutlich, wo nach
wir uns sehnen, und wie wir wieder zurückfinden können in
den Lebensraum schaffenden Bereich der Liebe Gottes zu uns
Menschen. Der Dichter Heinrich von Kleist meint:

„Das Paradies ist verriegelt und der Cherub (Engel) hinter uns; wir
müssen die Reise um die Welt machen, und sehen, ob es vielleicht
von hinten irgendwo wieder offen ist."[21]

Auf unserer Suche nach dem Paradies wird uns der Garten
zum Spiegel für das, was wir verloren haben, was wir aber
jederzeit wieder finden können:

Frieden – denn der Garten ist ein umfriedeter Bereich
gegen alles Endlose, gegen alles Chaos.

Fülle – denn der Garten ist Ausdruck des überfließenden
Lebens, gegen alle Dürre.

Lust und Freude am Schönen – denn im Orient heißt der
Garten auch „Lustgarten" oder „Liebesgarten." Es ist der Ort
der sinnlichen Genüsse. Düfte, Vogelgezwitscher, Blumen,
Ort der unbeobachteten Liebe, gegen alle Hetze und Härte
des Lebens.

21 von Kleist, Marionettentheater, 7.

Sich-Entfalten-Können – denn im Garten wächst alles und entfaltet sich und gedeiht. Es ist ein Ort der Fruchtbarkeit und des Segens. Hier kann sich auch die eigene Lebenskraft entwickeln gegen alle Unterdrückung und Verkrümmung.

Freiwilligkeit – denn in einen Garten geht man freiwillig, gegen alle Pflicht und allen Druck.

Versuchen Sie mal, mit dem Garten als Lebenssymbol diese Begriffe wie Friede, Fülle, Lust und Freude am Schönen, Sich-Entfalten-Können und Freiwilligkeit auf Ihr Leben zu beziehen. Es wäre doch möglich, den Garten nicht nur als Lebensraum zu sehen, sondern wir könnten daraus auch eine Lebensart machen. Das wäre ein Lebensstil, in dem wir zwar immer wieder die Zwiespältigkeit des Lebens erfahren, aber den Frieden wollen, die Fülle suchen, die Lust und die Freude am Schönen genießen, uns entfalten, uns auch in Freiwilligkeit üben gegen allen Druck und uns Zeit nehmen, dem Schöpfer zu danken für den Lebensraum, den er uns geschaffen hat. Ich bin mir sicher: Sie werden die Hintertür zum Paradies finden. Amen.

LIED

Nun steht in Laub und Blüte
(EG 641, Liedanhang Niedersachsen/Bremen)

Dankgebet

Gott, wir danken dir für die Erde, die uns ernährt.
Wir danken dir für die Flüsse und Bäche, die uns ihr Wasser geben.
Wir danken dir für die Kräuter, die uns ihre heilenden Kräfte schenken.
Wir danken dir für das Korn und das Gemüse, die uns am Leben erhalten.
Wir danken dir für die Büsche und Bäume, die uns ihre Früchte spenden.
Wir danken dir für den Wind, der die Luft bewegt.

Wir danken dir für den Mond und für die Sterne, die uns mit ihrem Licht in der Nacht leuchten.
Wir danken dir dafür, dass du uns Regen schenkst.
Wir danken dir für die Sonne, die freundlich auf die Erde herabschaut.
Wir danken dir, wenn wir in deiner Schöpfung wieder ein Stück
vom Paradies erkennen, vom Garten Eden, so wie du ihn geschaffen hast. Amen.

VATER UNSER

Segen

Wir nehmen Segen vom Himmel
Alle strecken die Hände zum Himmel.
und sammeln den Segen in unseren Händen
Die Handschalen werden in Brusthöhe
nach vorne gestreckt.
und bringen diesen Segen Gott dar.
Emporheben der Handschalen.
Wir nehmen den Segen von der Erde,
Die Hände strecken sich zum Boden.
sammeln ihn in unseren Händen
und freuen uns darüber,
Mit den gefüllten Segenshänden
sich nach rechts herum drehen.
und wir zeigen anderen,
Hingehen und die Hände
zu großen Schalen zusammenlegen.
worüber wir uns freuen.
Und nun geben wir unseren Segen weiter.
Die Hände ausgießen
in die Hände eines anderen im Kreis –
vom anderen Segen empfangen.

POSAUNEN

9 | *Ich bin da!*
Taufgottesdienst an einem Fluss

POSAUNEN

Grußwort

Im Namen Gottes, des Vaters, dessen Kinder wir sind;
im Namen Jesu Christi, der Gottes geliebter Sohn und unser
Bruder ist;
im Namen des Heiligen Geistes, der uns durch die Taufe
geschenkt wird. Amen.

Eingangswort

Und Jesus trat herzu und sprach zu ihnen: Mir ist gegeben
alle Gewalt im Himmel und auf Erden. Darum gehet hin
und machet zu Jüngern alle Völker: Taufet sie auf den
Namen des Vaters und des Sohnes und des heiligen Geistes
und lehret sie alles halten, was ich euch befohlen habe. Und
siehe, ich bin bei euch alle Tage bis an der Welt Ende.

(Matthäus 28,18–20)

Persönliche Begrüßung

Manchmal habe ich den Wunsch, ich könnte mit einer Zeit-
maschine in eine andere Zeit reisen. Dann würde ich mich
zurück „beamen" lassen an den Jordan, dorthin, wo Jesus

von Johannes getauft wurde. Wenn man nach Israel reist, kann man ja an den Jordan gehen und sich den eventuellen Taufplatz anschauen, aber die Zeit lässt sich nicht zurück drehen, leider. Manche bringen sich ein Fläschchen Jordanwasser mit von ihrem Israelbesuch, und manchmal findet dieses Wasser auch Verwendung bei einer Taufe im Gotteshaus. Heute wollen wir in diesen Fluss steigen, um Kinder und Erwachsene zu taufen. Damit befinden wir uns in einer ursprünglichen, urchristlichen Situation, beinahe wie am Jordan, beinahe wie an dem Wasser, wo der äthiopische Finanzminister von Philippus getauft wurde. Der sagte einfach: „Siehe, da ist Wasser; was hindert's, dass ich mich taufen lasse?" (Apg 8,36) Hier ist auch Wasser. Also wollen wir taufen!

LIED

> Lobe den Herren, den mächtigen König der Ehren
> (EG 317)

Gebet

Herr, manchmal gibt es Zeiten im Leben, da geht alles baden.
Da gehen Beziehungen in die Brüche, da fehlt der Lebensmut, da ist der Zweifel größer als der Glaube.
Herr, manchmal gibt es aber auch Zeichen, da bin ich mit allen Wassern gewaschen.
Da kann ich auf allen Hochzeiten tanzen, da bin ich stark und übermütig, da fühle ich mich lebensfroh.
Wechselbäder des Lebens, mal fast am Ertrinken im Meer der Traurigkeit, dass Wasser bis zum Hals, mal getragen auf einer Welle des Glücks.
Herr, durch die Taufe bleibe ich mit dir verbunden für alle Zeit. Sie ist mein Halt in den Strömungen meines Lebens, sie ist mein Wasserzeichen auf den Seiten meines Lebensbuches.
Dafür danke ich dir. Amen

Predigt

„Ich bin da!" Die Mutter ruft es laut in den Flur hinein, damit die Kinder es hören können.

Ihre Einkaufstaschen hat sie auf den Fußboden gestellt, um die herbeieilenden Kinder in den Arm zu nehmen.

„Ich bin da!" Der Patient im Krankenzimmer ist erleichtert, die Schwester zu sehen, die mit diesem Satz und einem Lächeln auf sein Bett zugekommen ist. Mit dem Klingelknopf hat er nach ihr gerufen, weil er Schmerzen hat.

„Ich bin da!" Zärtlich berührt er mit der rechten Hand ihre linke Wange, um ihr das Gefühl zu geben, dass seine Liebe sie umhüllt. Sie erwidert diese Geste mit einem Kuss.

„Ich bin da!" Wie viel Trost, Wärme, Zuversicht und Freude kann dieser Satz auslösen. Er besteht nur aus diesen kleinen Wörtern und hat doch eine so große Wirkung. Das kommt nicht von ungefähr. Dieser Satz hat eine Geschichte und einen Ort. Alles beginnt vor ca. 3200 Jahren in Midian auf der Sinai-Halbinsel. Dorthin war Mose geflüchtet, nachdem er in Ägypten einen Aufseher erschlagen hatte, der einen Israeliten drangsalierte. Man hätte ihn getötet, wenn er seinen Fuß noch einmal auf ägyptischen Boden gesetzt hätte. Er hatte keine Wahl, aber er hatte Glück und fand in Midian Zuflucht. Aus dem Gesuchten und Heimatlosen war ein Familienvater geworden, der die Schafe und Ziegen seines Schwiegervaters hütete. Er hatte sein Leben eingerichtet. Was sollte noch kommen?

Manchmal kommt eine Botschaft aus heiterem Himmel, völlig unerwartet, ohne vorherige Ansage, einfach so. Die Botschaft für Mose kam zwar nicht aus heiterem Himmel, sondern aus einem brennenden Dornbusch, aber völlig unerwartet. Zweimal hörte er aus diesem Busch seinen Namen: „Mose, Mose!" Er kam näher und antwortete: „Hier bin ich!" Da war tatsächlich was im Busche, denn nun kam die Überraschung: Gott höchstpersönlich stellte sich ihm vor und verlangte von ihm, dass er sein Volk, die Israeliten, aus der Sklaverei führen sollte, weg aus Ägypten in ein Land, in dem Milch und Honig fließen. Eine unmögliche Aufgabe für einen, der mit der Todesstrafe zu rechnen hat. Skepsis machte sich bei Mose breit, aber auch Neugier: „Angenommen, ich gehe und sage zu den Israeliten, dass mich der Gott ihrer Väter gesandt hat, und sie fragen mich ‚Wie heißt dieser Gott?', was soll ich dann sagen?"

Hier beginnt nun die Geschichte dieses kleinen wirkungsvollen Satzes. Gott erwiderte auf die Frage schlicht und einfach: Mein Name ist: „Ich bin da!" (Übersetzung von Martin Buber)

Liegt nicht die große Wirkung der drei kleinen Wörter darin, dass Gottes Name mitschwingt?

„Ich bin da!" Ich sage es zu einem Menschen und habe damit zugleich den Namen Gottes ausgesprochen. Gefüllt wird die Atmosphäre in der Situation mit seiner Gegenwart und Anwesenheit. Verliehen wird den drei kleinen Wörtern die göttliche Kraft seines Namens.

„Ich bin da!" Auch und gerade wenn Sie es zu sich selbst sagen, nennen Sie gleichzeitig Gottes Namen. Sagen Sie es zu sich, wenn Sie irgendwo angekommen sind. Sagen Sie es zu sich, wenn sie am Morgen aufgewacht sind oder sich abends schlafen legen. Sagen Sie es zu sich, damit sie gegenwärtig werden und bei sich sind, jetzt, nicht in der Vergangenheit oder in der Zukunft.

Der Komiker Karl Valentin hat es mit der humorvollen Bemerkung mal auf den Punkt gebracht: „ Heute wollte ich mich besuchen, aber ich war nicht zuhause." „Ich bin da!" Das setzt voraus, dass ich wirklich da bin, sowohl für mich als auch für die anderen Menschen und für die Kinder, die heute getauft werden.

Wir sind auf seinen Namen getauft, sie werden als Erwachsene heute auf seinen Namen getauft und die Kinder auch, und sein Name ist „Ich bin da." So geschieht im Namen Gottes bei der Taufe, was uns ein Leben lang Gewissheit sein kann: seine Gegenwart, verbürgt mit seinem Namen: „Ich bin da, wo du bist!" Amen.

LIED
    Gott Vater, du hast deinen Namen (EG 208)

Wünsche von Eltern und Paten

(an dieser Stelle können Wünsche von Eltern und Paten für die Kinder geäußert werden, z.B. mit einem Text von Wilhelm Willms: „taufe oder mit allen wassern gewaschen."

„wir möchten nicht
daß unser kind
mit allen wassern gewaschen wird

wir möchten
daß es
mit dem wasser der gerechtigkeit
mit dem wasser der barmherzigkeit
mit dem wasser der liebe und des friedens
reingewaschen wird

wir möchten
daß unser kind
mit dem wasser
christlichen geistes
gewaschen
übergossen
beeinflußt
getauft
wird

wir möchten selbst das klare lebendige wasser
für unser kind werden und sein
jeden tag
wir möchten auch daß seine paten
klares kostbares wasser
für unser kind werden

wir hoffen und glauben
daß auch unsere gemeinde in der wir leben
und daß die kirche zu der wir gehören
für unser kind das klare kostbare
lebendige wasser
der gerechtigkeit
der barmherzigkeit
der liebe und des friedens ist

wir möchten
und hoffen
daß unser kind
das klima des evangeliums findet
wir möchten nicht
daß unser kind mit allen wassern
gewaschen wird

deshalb
in diesem bewußtsein
in dieser hoffnung
in diesem glauben
tragen wir unser kind
zur kirche

um es der kirche
der gemeinde zu sagen
was wir erwarten
für unser kind
was wir hoffen
für unser kind

wir erwarten viel
wir hoffen viel"[22]

Fragen an Eltern und Paten

Tauffragen an die Erwachsenen

Glaubensbekenntnis

22 Willms, Mitgift, 45.

Taufe der Kinder und der Erwachsenen
im Wasser des Flusses

Ich bin getauft auf deinen Namen (EG 200)

Fürbitten

Du liebender Gott, dein Name, auf den wir getauft sind, ist Programm:
Du bist da, wo wir sind.
In deinem Namen wollen wir auch da sein für unsere Kinder,
dass sie deine Liebe immer spüren und dass wir immer an ihrer Seite sind, wenn sie uns brauchen;
dass wir ihren Glauben stärken und zuhören können.
Wir bitten dich, liebender Gott, für die Eltern und Paten,
dass sie sich ihrer Verantwortung gegenüber den Kindern stets bewusst sind, und dass sie nötige Grenzen aufzeigen und genug Freiheit ermöglichen;
dass sie genug Kraft, Mut und Phantasie für eine gute Erziehung finden,
und dass sie Rat und Ermutigung durch deine Liebe finden.
Wir bitten dich, liebender Gott, für uns,
lass uns den Kindern eine Welt übergeben, in der sie gut und gerne leben mögen, dass wir uns einsetzen für Mitmenschlichkeit und aufschreien gegen Ungerechtigkeit;
dass wir deinen Segen spüren und ein Segen für andere Menschen sein können.
Wir bitten dich, liebender Gott, dass wir mit unseren Gedanken bei den Menschen sind, die ein bedrückendes Schicksal zu tragen haben,
die allein gelassen sind mit ihren Sorgen und Nöten, die einsam, heimatlos, obdachlos, mutlos sind, die schwere Krankheiten durchleben, die erfüllt sind von Trauer und Traurigkeit.

„Ich bin da" – lass uns getragen sein von deiner Gegenwart und deinen Namen heilig halten, wie es uns dein geliebter Sohn gelehrt hat:

VATER UNSER

Segen

Du, mein Gott –
Du umschließt mich von allen Seiten.
Bei Dir bin ich überall
und in jedem Augenblick meines Lebens geborgen.
Du bist meine Heimat, nach der ich mich sehne.
Zu dir gehöre ich.
Du entlässt mich nie aus Deiner Liebe.
Du, mein Gott -
Du legst Deine Hand auf mich.
Du schenkst mir
Deine kraftvolle und zärtliche Nähe,
die mich tröstet und heilt,
die mich mit Hoffnung und Zuversicht erfüllt,
die mir Vergebung und Erlösung zusagt.
Du, mein Gott -
bei dir darf meine Seele zur Ruhe kommen
und in der Stille neue Kräfte sammeln.
Du segnest mich
und lässt mich zum Segen für andere werden. Amen.

POSAUNEN

10 Dagegen ist ein Kraut gewachsen

Gottesdienst in einem Klostergarten

MUSIK

Grußwort

Im Namen des Schöpfers, der uns Leben gibt und uns erhält;
im Namen von Jesus Christus, der Licht in unser Leben bringt;
im Namen des Heiligen Geistes, der uns Freude schenkt;
sind wir heute zum Gottesdienst zusammengekommen.
Amen

Eingangswort

Denn der Herr, dein Gott, führt dich in ein gutes Land, ein
Land, darin Bäche und Brunnen und Seen sind, die an den
Bergen und in den Auen fließen, ein Land, darin Weizen,
Gerste, Weinstöcke, Feigenbäume und Granatäpfel wachsen,
ein Land, darin es Ölbäume und Honig gibt, ein Land, wo
du Brot genug zu essen hast, wo dir nichts mangelt (…).

(Deuteronomium 8,7–9)

Persönliche Begrüßung

Wir leben in einem Land, in dem wir genug von allem
haben. Es mangelt uns an nichts. Wir leben sogar im Über-
fluss. Gott sei Dank sind wir vorsichtiger geworden. Gen-

manipulierte Pflanzen, zuviel Chemie im Essen – Stichworte, die uns hellhörig machen. Der Mensch ist, was er isst. Nun soll man nicht nur mit Verstand essen, sondern die Augen dabei auch auf machen. Die Sinne sind mit angesprochen. Nicht nach dem Motto: Augen zu und Mund auf, sondern: sehen, riechen, schmecken, gesund leben. Rückbesinnung auf alles, was dem Körper, der Seele und dem Geist gut tut. Mittlerweile gibt es Gesundheitsprogramme für alle Sinne des Menschen, Wohlfühlprogramme für Leib und Seele, traditionelle Heilmethoden in Verbindung mit dem modernen Wellness-Gedanken. Im Trend liegt eine Rückbesinnung zu einem Konzept, das auf einer aktiven Entspannung, der heilenden Wirkung von Kräutern und einer gesunden Spiritualität basiert. Dazu haben viel die Klöster beigetragen. Und hier im Klostergarten spüren wir förmlich, wie nicht nur der Duft der Rosen und des Lavendels uns gut tun, sondern wie auch ein Hauch des Göttlichen diesen Kräutergarten durchweht. Tauchen wir ein in diesen Ort, um ganz neue Sinneserfahrungen zu machen!

LIED
Lobt Gott in allen Landen (EG 500)

Gebet

Wir sind gekommen,
um gemeinsam Gott,
unseren Schöpfer und Bewahrer,
zu loben und zu preisen.
Manche von uns schauen froh und glücklich
auf die vergangene Woche zurück.
Manche von uns sind mit schwerem Herzen und sorgenvoll
in diesen Garten gekommen.
Gott ist nichts verborgen.
Nicht unsere Freude,
nicht unser Leid.
So wollen wir hier in diesem Klostergarten aufatmen

und bei unserem Gott Ruhe finden
für unsere Seele. Amen.

Lesung

Wir hören Texte von Hildegard von Bingen. Sie ist wohl die berühmteste Heilkundige des Mittelalters und hat von 1098–1179 gelebt. Sie war Stifterin und Äbtissin des Benediktinerinnenklosters auf dem Rupertsberg bei Bingen am Rhein. Eine Volksheilige!

„O edles Grün, in der Sonne du wurzelst,
du leuchtest in strahlender Helle
im Kreise, den
irdischen Sinnen und Sein noch so hoch
kann niemals erfassen.
Umfangen wirst du von den Armen
der Geheimnisse Gottes.
Du schimmerst wie Morgenrot,
brennst wie die Sonnenglut.

Die Kräuter bieten einander den Duft ihrer Blüten;
ein Stein strahlt seinen Glanz auf die anderen,
und jedwede Kreatur hat einen Urtrieb nach liebender Umarmung."[23]

„Die Seele ist wie ein Wind, der über die Kräuter weht,
und wie der Tau, der auf die Gräser träufelt,
und wie die Regenluft, die wachsen macht.
Genauso ströme der Mensch ein Wohlwollen aus auf alle,
die da Sehnsucht tragen.
Ein Wind sei er, der den Elenden hilft,
ein Tau, indem er die Verlassenen tröstet,
und Regenluft, indem er die Ermatteten aufrichtet
und sie mit der Liebe erfüllt wie Hungernde,
indem er ihnen seine Seele gibt."[24]

---

23 Hildegard von Bingen, Lieder, 259.
24 Hildegard von Bingen, unbekannt.

Du meine Seele singe (EG 302,1–5)

Predigt

„Gegen Dummheit ist kein Kraut gewachsen," sagt der Volksmund. Dafür aber gegen viele Beschwerden, wenn man weiß, wie Heilkräuter zubereitet werden müssen. Natürlich gehe ich zum Arzt, wenn ich krank bin, aber ich bin froh, dass altes Wissen neu entdeckt wird. Ich bin froh, dass alte Schätze der Medizin neu entdeckt werden und wir dadurch mehr in eine natürliche Beziehung mit der Natur kommen. Zu allen Zeiten hat man Heilkräuter gesammelt oder angebaut, hat sie angewendet und ihre Wirkung beobachtet. Zu allen Zeiten und in allen Kulturkreisen wurde versucht, Krankheiten mit Mitteln der Natur zu heilen. Dokumente aus der altbabylonischen Kultur und aus Ägypten 1600 Jahre vor Christi Geburt zeigen Portraits von Pflanzen. Hippokrates, der in der 2. Hälfte des 5. Jahrhunderts vor Christi Geburt lebte, beschrieb zahlreiche Anwendungen pflanzlicher Mittel zur Heilung verschiedener Krankheiten und der in Rom lebende griechische Arzt Dioskurides schrieb um 60 n.Chr. das erste ausführliche europäische Heilpflanzenbuch. Mehr als alle anderen prägte jedoch der im 2. Jahrhundert n.Chr. lebende griechische Leibarzt des römischen Kaisers Marc Aurel, Claudius Galenus von Pergamon, genannt Galen, die Geschichte der Medizin für die nächsten 1400 Jahre. Mit den Völkerwanderungen wäre auch das medizinische Wissen verloren gegangen, wenn nicht Benedikt von Nursia, der Vater des abendländischen Mönchstums, mit seinen Ordensregeln für die Bewahrung dieses Wissens gesorgt hätte. Um das Jahr 530 gründete er auf dem Monte Cassino in Norditalien sein Kloster. Neben der bekannten Formel „ora et labora" – „bete und arbeite" stand ein damals revolutionärer Gedanke im Vordergrund: Die Sorge für die Kranken muss vor und über allen Pflichten stehen. Benedikts Anweisung, die Kranken zu versorgen und einzelne Mönche speziell dafür auszubilden, führte zur Entstehung der Klosterheilkunde. Klostergärten entstanden, eindeutig getrennt in Nutzgärten und Kräutergärten. Aus den Trocken- und Vorratsräumen für die geernteten Pflanzen wurden später Klosterapotheken. Das wir heute so detailliert wissen, wie ein Klostergarten aufgebaut und was genau angebaut wurde, verdanken wir dem Plan eines idealen Klostergartens, der um 820 entstand: der St. Gallener Klosterplan. In ihm wird neben einem Obst- und Gemüsegarten ein Arzneipflanzengarten mit 16 Beeten dargestellt. In ihm wachsen medizinisch wirksame Pflanzen wie Salbei, Fenchel, aber auch Rosen. Ein Klostergarten hatte nicht nur einen hohen medizinischen Nutzen, sondern war auch ein Ort der Ruhe, der Meditation und der Einkehr. „Der Ort im Kloster, wo man Gott am nächsten ist, ist nicht die Kirche, sondern der Garten. Dort erfahren die Mönche ihr größtes Glück,"[25] vermochte der Abt Pachomius (verstorben 346) zu sagen. So ist der Klostergarten mehr:

Nicht nur, dass in ihm die Kräuter wachsen, sondern das sie auch Hinweis auf den Schöpfer sind und das sich Dankbarkeit und Glück einstellt, wenn man sich mit ihnen beschäftigt. Sie verweisen darauf, dass der Schöpfer nicht nur unser leibliches Heil will, sondern auch das Heil der Seele. So empfanden die Mönche ihre Gärten auch als ein Stück Paradies. Auch wenn wir nach Eden nicht zurückkommen, unsere Gärten wie dieser Klostergarten z.B. sind Abbilder des Paradieses als Inbild von Fülle und Gottesnähe. Gartenarbeit kann die Seele heilen, weil ich in den Rhythmus der Natur eingebunden bin. Das Sein im Garten, die Bewegung, die frische Luft, das Sonnenlicht, natürlich mit Schutz, gehört zum psychischen und physischen Wohlbefinden einfach dazu. Wenn ich dann noch die Gelegenheit nutze, in einem Garten Stille und Ruhe zu finden, dann kann ich die Erfahrung machen, wie sie Franz von Sales beschreibt:

25 Pachomius, unbekannt.

„Die Meditation verfährt wie jemand, der eine Nelke, eine Rose, Rosmarin, Thymian, Jasmin, eine Orangenblüte einzeln, eine Blume nach der anderen riecht. Die Kontemplation gleicht jemandem, der ein Parfüm riecht, das aus all diesen Blumen besteht; in einer einzigen Empfindung nimmt er die eins gewordenen Düfte auf, die der andere gesondert und getrennt empfunden hatte."[26]

In einem Garten ereignete sich auch eine der berühmtesten Gotteserfahrungen überhaupt. Aufgewühlt, als ihm einmal ein Besucher von der Bekehrung zweier Männer erzählt, stürzt sich Augustinus in Mailand unter den Feigenbaum. Plötzlich hört er eine Stimme, die ihm zuruft: „Nimm und lies." Es wiederholt sich: „Nimm und lies." Augustinus nimmt die Briefe des Apostels Paulus. Er schlägt sie auf und liest: „Lasst uns ehrbar leben wie am Tage, nicht in Fressen und Saufen, ohne Unzucht und Ausschweifung, nicht in Hader und Eifersucht; sondern zieht an den Herrn Jesus Christus ...." (Römer 13,13–14) Die Botschaft des Evangeliums schlägt in Augustinus ein wie der Blitz, er verändert sein Leben und wird zu einem der größten Kirchenväter.

Wenn auf die Klostergärten, wenn auf die Gärten überhaupt, ein Licht fällt, so wie das Licht der Schöpfung auf das Paradies gefallen ist, wo Gott der Gärtner war, dann finden wir in allem, was wächst und blüht, noch ein Abbild wieder, ein Abbild, das uns auf den Schöpfer verweist. Und wenn uns dieses Licht dann noch erleuchtet, dann wird es auch hell in uns, in Leib und Seele. Dann werden wir die Erfahrung machen, dass gegen alle Sinnlosigkeit, die wir sooft empfinden, ein Kraut gewachsen ist, gemäß des Wunsches, der im 3. Johannesbrief 2 ausgesprochen wird: „Mein Lieber, ich wünsche, dass es dir in allen Dingen gut gehe und du gesund seist, so wie es deiner Seele gut geht." Amen.

LIED

Geh aus, mein Herz (EG 503,1–8)

26 Franz von Sales, unbekannt.

Gebet

Allmächtiger, ewiger Gott, du hast Himmel,
Erde und Meer, Sichtbares und Unsichtbares
durch dein Wort aus dem Nichts geschaffen.
Du hast die Kräuter nicht nur zur Speise dem gesunden,
sondern auch zur Heilung dem kranken Körper gewährt.
Wir bitten dich mit Herz, Mund und Händen, dass wir wieder entdecken,
was für uns hilfreich ist.
Lass die Heilkräuter Genesung bringen,
den Glanz der Blumen Freude schenken
und den Duft des guten Geistes unter uns sein.
Allem Lebendigen und Wachsenden nah zu sein,
heißt auch dir nah zu sein, ewiger Gott,
denn jede Pflanze trägt auch deinen Atem in sich.
Lass den Segen der ganzen Schöpfung unter uns sein, ewiger
Gott. Amen.

Segen

Herr,
du trägst uns wie die Erde,
wir atmen deinen Geist,
wir ruhen uns in dir aus.
Du machst heil.
Du bist der Gott des Geistes und des Körpers.
Du bist der Gott der Seele.
Dein Segen sei mit uns
im Namen des Vaters,
des Sohnes und des Heiligen Geistes.

MUSIK

(Nach dem Gottesdienst schließt sich eine fachkundige Führung durch den Klostergarten an, die alle Sinne ansprechen soll.)

11 *Alle Augen warten*
Erntedank-Gottesdienst

Posaunen

Grußwort

Im Namen des Schöpfers, der unser Leben erhält;
im Namen von Jesus Christus, der uns Weg und Wahrheit ist;
im Namen des Heiligen Geistes, der uns dankbar sein lässt;
sind wir heute zum Erntedank-Gottesdienst zusammengekommen. Amen.

Eingangswort

Aller Augen warten auf dich, und du gibst ihnen ihre Speise
zur rechten Zeit. Du tust deine Hand auf und sättigst alles,
was lebt, nach deinem Wohlgefallen.

(Psalm 145,15.16)

Persönliche Begrüßung

*(Bei der Begrüßung legen die Mitwirkenden Erntegaben auf
und neben den Altar im Freien.)*

Laudato si (EG 515)

Gebet

Gott, dessen Atem der ganzen Welt Leben spendet, höre mich.
Ich trete vor dich hin als eines deiner vielen Kinder.
Lass mich mit allen Sinnen wahrnehmen, was du uns geschenkt hast.
Lass mich staunen und dankbar sein für alles, was wir ernten durften.
Die Welt ist gesegnet und voll Freude.
Dafür will ich dich loben. Amen.

LESUNG

Psalm 145

LIED

Wir pflügen und wir streuen den Samen auf das Land
(EG 508)

Predigtcollage

„Aller Augen warten," so heißt es im Psalm 146. Aber wer wartet schon gerne? Warten brauchen wir auch gar nicht, wenn man das ganze Jahr über alle Früchte und jedes Gemüse haben kann. Dabei hat der Kreislauf der Natur alles so wunderbar eingerichtet. Da ist Vorfreude, da ist alles so wie es die Natur vorgibt, und es macht Spaß, im Einklang mit diesem Kreislauf zu leben. Dazu gehört dann auch das Warten. Alles hat seine Zeit. Eine schon sehr betagte Frau wurde einmal gefragt, was das Geheimnis ihres hohen Alters ist. Ihre Antwort: „Sag, was wahr ist. Trink, was klar ist. Iss, was nah ist." Nah ist, was in der Natur dran ist, zu seiner Zeit, zur rechten Zeit. Nah ist, was es in meiner Umgebung gibt, was z.B. in meinem Garten wächst.

Nah ist auch, wenn wir uns zusammentun, um unsere Interessen zu bündeln und unsere Sorgen zu teilen. So freue ich mich, dass wir aus verschiedenen Blickrichtungen Statements hören: Von den Mitgliedern des BUND, des Fischereisportvereins e.V. Hoopte-Winsen, der Jägerschaft des Landkreises Harburg e.V. und des NABU, von den Landfrauen und auch von den Mitarbeitern des Weltladens, die sich für einen fairen Handel engagieren. Unsere Augen sollen nicht nur auf das gerichtet sein, was vor Ort wichtig ist, sondern auch auf die Probleme benachteiligter Länder.

Liebe Besucher des Erntedank-Gottesdienstes, als Vertreter des Arbeitskreises der Naturschutzverbände im Landkreis Harburg möchte ich Ihnen ein paar Worte zu unserem Erntedank mitteilen. Wir, das sind hier vor Ort Mitglieder des BUND, des Fischereisportvereins e.V. Hoopte-Winsen, der Jägerschaft des Landkreises Harburg e.V. und des NABU. Gemeinsam haben wir einen „Garten der Natur" gestaltet, wobei wir bestrebt waren, möglichst viel naturnah zu lassen und nur wenig in das Gelände einzugreifen. Mit unserer Gestaltung und Arbeit möchten wir Besuchern die natürlichen Abläufe vom Werden und Wachsen in der Natur nahe bringen.

Als Logo unseres Arbeitskreises haben wir das vierblättrige Kleeblatt gewählt, da wir aus vier Naturschutzverbänden kommen. Die enge Zusammenarbeit von Naturschützern aus BUND, NABU, Anglern und Jägern ist unseres Wissens bisher einmalig, denn die Schwerpunkte der einzelnen Verbände sind doch sehr unterschiedlich. So könnte das vierblättrige Kleeblatt auch stehen für die Lebensräume Land, Luft, Wasser und Wald, die man zuordnen kann.

Gemeinsam haben wir jedoch das Bestreben, unser Bewusstsein als Geschöpf und Teil der Schöpfung für eine Rückbesinnung auf natürliche Abläufe wach zu halten.

In unserer Klimazone mit den vier Jahreszeiten sollte unsere Abhängigkeit vom Naturkreislauf, in den unsere Nahrungsgewinnung eingebunden ist, bei allen gegenwärtig sein. Wer unseren Garten besucht, kann den Zusammenhang von Aussaat und Ernte, von Aufzucht und Wachsen lassen, von Sonne, Regen und Wachstum miterleben. Wir zeigen, was jahreszeitlich wächst, blüht und geerntet werden kann. Das Warten auf den richtigen Zeitpunkt macht manches viel wertvoller.

In einer Zeit, in der in unseren Geschäften zu jeder Jahreszeit alles gekauft werden kann, in der weltweit Nahrungsmittel transportiert werden, in der durch Konservierungs- und Kühltechniken der Erntezeitpunkt unwichtig wird, verliert sich der Bezug zu den naturgegebenen Bedingungen, die für eine gute Ernte Voraussetzung sind. Damit verliert sich oft auch die Ehrfurcht vor den Gütern, die wir der Schöpfung für unsere Ernährung entnehmen können.

Wer jedoch bedenkt, dass wir zwar in die Natur eingreifen, dass wir durch technischen Fortschritt natürliche Abläufe verändern können, aber nicht autonom und voraussetzungsfrei über die Natur verfügen können, der wird sich weiterhin als Teil der Natur betrachten und Gott danken, wenn eine gute Ernte eingebracht ist.

So sind wir hier heute gemeinsam zum Erntedank versammelt, und da wir es als Fest feiern, haben wir für den Gabentisch aus dem Garten der Natur Früchte und Äpfel mitgebracht, und wir Angler haben auch Räucherfisch mitgebracht, dessen Duft deutlich wahrzunehmen ist und Appetit aufkommen lässt.

Wir möchten im Einklang mit der Natur ihre Gaben entnehmen und mit Freude mit Ihnen unser heutiges Erntedank mit diesem Gottesdienst feiern und Gott danken, dass er sie uns bereitgestellt hat.

(Walter Gassmann, 1. Vorsitzender Fischerei-Sportverein
e. V. Hoopte-Winsen)

Ich spreche heute für die Landfrauen. Wir als Menschen, und speziell wir als Menschen, die auf dem Land leben, haben heute eine besondere Verantwortung für die gesamte Schöpfung.

Jede Generation hat ein Recht, aber auch die Pflicht, die natürlichen Ressourcen Boden, Wasser und Luft so zu nutzen, dass sie der nächsten Generation möglichst im vollen Umfang erhalten bleiben. Diese Schöpfung zu bewahren und zu nutzen, ist der Auftrag und die Verpflichtung gerade der Bauernfamilien.

In Europa und Deutschland haben die Bauern die Nachhaltigkeit zum Leitbild ihrer Landwirtschaft entwickelt. Damit nehmen die Bäuerinnen und Bauern ihre Aufgabe in großer Verantwortung für die Erzeugung von Nahrungsmitteln, nachwachsende Rohstoffe und die Pflege und den Erhalt der Kulturlandschaft wahr.

Nur wer eigenverantwortlich handelt, wird dieser Aufgabe als selbstständiger Landwirt auf Dauer gerecht.

Der Landfrauen-Garten ist ein Kräutergarten. Im Kräutergarten ist fast das ganze Jahr über Erntezeit. Das heißt, wir ernten zur rechten Zeit mal Blüten, Blätter, Früchte oder Wurzeln. Dies ist eine spezielle Situation und läuft im Alltag der ländlichen Bevölkerung eher nebenher.

Die eigentliche Erntezeit aus Landfrauensicht erstreckt sich über den ganzen Sommer, und wenn etwas geerntet wird, dann sind es oft sehr große Mengen, die in sehr kurzer Zeit verarbeitet werden müssen. Haupterntezeit ist der Spätsommer.

Die Landbevölkerung ist abhängig vom Wetter, und solange nicht die ganze Welt überdacht wird, bleibt dies so, auch bei allem Fortschritt. In unserer Region war in diesem Jahr die Getreideernte bereits abgeschlossen, zu einem Zeitpunkt, an dem sie in den meisten Jahren erst beginnt.

Ernte heißt oft arbeiten bis tief in die Nacht, um den richtigen Zeitpunkt voll auszunutzen.

Der richtige Zeitpunkt ist abhängig vom Wetter, der Reife und der menschlichen und maschinellen Erntehilfe. Viele Faktoren müssen berücksichtigt werden, und letztendlich bestimmt der Markt mit seiner Preisgestaltung über den tatsächlichen Ertrag der Ernte.

Erntedank bedeutet für uns Landfrauen aber auch Dank für das Nichtselbstverständliche und Innehalten. Erntedank, das ist für uns auch eine aktive Zeit, eine Zeit der Feste, der Aktionen und Märkte. Drachen- und Kartoffelfeste, Kochaktionen, Herbstmärkte und natürlich Erntefeste und -feiern und das Mitgestalten von Erntedankgottesdiensten gehören dann zu unserem Programm.

(Anne Cordes, 1. Vorsitzende des Landfrauenvereins Pattensen und Umgebung)

Ich bin dankbar, dass ich satt zu essen habe. Wenn ich am gedeckten Tisch Platz nehme, spüre ich Gottes Liebe und Fürsorge in den Gaben, die er mir zum Leben schenkt. Ich glaube, dass ich darin etwas von Gott erfahre. Noch deutlicher will er mir in anderen Menschen begegnen, denn er selbst wurde Mensch. Ich wünsche mir, dies an andere Menschen weiterzugeben. Ich wünsche mir, dass ich etwas dazu beitrage, dass Gott anderen Menschen begegnen kann. Ich wünsche mir, dass auch die Kaffeebauern in Mexiko, die Arbeiterinnen auf den Teeplantagen in Indien und die Töchter der Mangobauern in Indonesien Grund zur Dankbarkeit haben. Ich wünsche mir, dass sie erleben, dass Gott uns bewegt und durch uns zu ihnen kommen will. So wie ich Gottes Nähe spüren kann, wenn ich ihre Produkte genieße, sollen sie seine Fürsorge spüren, wenn sie faire Preise für ihre Waren erhalten. Amen.

(Pastorin Anja Kleinschmidt, Winsen (Luhe), 1. Vorsitzende des Weltladens)

LIED
Erd und Himmel sollen singen (EG 499)

Fürbitten

Gott, Schöpfer des Himmels und der Erde,
du lässt die Samen sprießen und die Früchte reifen.
Wir haben heute am Erntedankfest die Früchte des Jahres in Freude und zu deinem Lobpreis gebracht.

Segne das Korn und den Wein, das Obst und die Wurzelfrüchte;
und alles, was durch der Hände Arbeit geschaffen wurde.
Diese Ernte ist nicht allein das Ergebnis unserer Mühen:
Gesegnet hast du alles Wachstum und alle Sorgen um die Ernte.
Wir bitten dich auch, unser Vater:
Segne die Keller, die Silos und Vorratsräume.
Gib, dass wir alle Früchte zum Segen gebrauchen,
sie gerecht verteilen, nicht verkommen lassen
und nicht übermäßig konsumieren.
Segne auch den Samen, den wir für das kommende Jahr brauchen.
Lass uns in Freude die Früchte des Jahres verzehren,
„denn alles, was du geschaffen hast, ist gut und nichts verwerflich,
wenn es mit Dank genossen wird;
es wird geheiligt durch das Wort Gottes und durch das Gebet"
(1Timotheus 4,4–5). Amen.

VATER UNSER

LIED
    Weißt du, wie viel Sternlein stehen (EG 511)

Segen

„Gott sei vor Dir, wie die Luft, die Dir Atem schenkt,
um Dir die Angst vor der Zukunft zu nehmen.
Gott sei hinter Dir, um Dir,
wie mit Sonnenstrahlen den Rücken zu streicheln,
damit Dir warm wird und Du Zuversicht tanken kannst.
Gott sei neben Dir, wie ein Bruder,
damit Du nicht alleine gehst.
Gott sei über Dir, wie ein sanfter Regen,
der Blumen wieder zum Blühen bringt.
Gott sei um Dich herum, wie ein Zelt,

in dem Du Zuflucht und Ruhe findest.
Gott sei in Dir, wie ein Feuer,
auf das Du wieder stark wirst
und mutig die Wege gehst, die vor Dir liegen.
Gott sei in jedem Saatkorn eines neuen Anfangs
und in jeder Frucht dessen, was Deine Ernte ausmacht.
Amen."[27]

POSAUNEN

27 Kirchlicher Dienst auf dem Lande, Erntedankfest, 28.

12 "Sorgt Euch nicht!"
Hubertus-Messe

JAGDHORNBLÄSER
Hundefanfare und Begrüßung

Begrüßung der Gottesdienstbesucher

LIED
Nun danket all und bringet Ehr (EG 322)

PARFORCEHORNBLÄSER
Introitus

Gebet

Gott, lass uns die Welt mit deinem Geist wahrnehmen:
die Menschen um uns herum genauso wie die Fernen;
die Tiere genauso wie die Unscheinbaren;
die Pflanzen, die wir hegen und pflegen genauso wie die unter
unseren Füßen;
die Gesteine, Flüssigkeiten und Gase;
die Ordnungen und vermeintlichen Unordnungen;
die Klänge und Bewegungen, die Worte und Gefühle,
alles, was deinem Atem entsprungen ist. Amen.

PARFORCEHORNBLÄSER
Kyrie

1. LESUNG
Matthäus 6,25–34

Psalm 104

PARFORCEHORNBLÄSER
Choral

Predigt

Liebe Jäger und Naturfreunde!
Ich spreche Sie als Menschen an, die die Natur lieben und
schützen wollen, denen ihr Bestand wichtig ist, Menschen,
denen die Bewahrung von Gottes guter Schöpfung am Herzen liegt und die sich in vielfältiger Weise dafür engagieren.
Und Sie, die Jäger, sind nun speziell Menschen, die sich für
Hege und Pflege der Wildbestände verantwortlich fühlen.
Hier im Freien lassen wir uns gern an unsere Pflicht zur
Fürsorge erinnern: in herrlichen Herbstfarben bekommen
wir es vor Augen gemalt, wie vielfältig, wie komplex, wie
schön unser Lebensraum ist, ein perfektes Ineinander!
Eines meiner Lieblingsgemälde von Emil Nolde, Sie kennen es vielleicht auch, zeigt Gott als den großen Gärtner!
Mit liebevollen Augen schaut er herab, fast so, als blinzele er
uns zu: uns, seinen Posten vor Ort, uns, seinen Schrebergärt-
nern, jeweils für unsere Parzelle verantwortlich!
Unser Lebensraum, das zeigt dieser Garten, ist wunderbar, und soll und muss es auch bleiben um unserer Kinder
und kommender Generationen willen. Unsere Fürsorge ist
gefragt.
Das allerdings ist Grund zur Sorge! Was wird sein, wenn
die Erderwärmung so schnell fortschreitet, wenn ein Juli wie
dieser normal wird? Wenn unsere Meere sich erwärmen,
wenn Arten verschwinden, die eine wichtige Funktionen
hatten, wenn das biologische Gleichgewicht immer empfindlicher gestört wird? Grund zur Sorge, zu tiefer Besorgnis!
Gegen dieses Klagelied, dem wir noch viele Verse zufügen
könnten, klingen die Strophen aus der Bergpredigt (Matthäus 6,25–34) an. Einen ganz anderen Sound bekommen

wir da zu hören: „Sorgt euch nicht!" ist der Titel dieses Liedes, das Jesus ansingt, als Motto für ein christliches Leben.

„Sorgt euch nicht!" Ein gutes Leitmotiv wählt er, und er entfaltet es. Und das ist auch nötig, notwendig. Denn das geht gegen unsere Natur! Natürlich ist doch wohl, sich Sorgen zu machen!

Das ist nun das zutiefst Menschliche, dass man sich Sorgen macht. Es liegt in der Erkenntnisfähigkeit und Phantasie, in der menschlichen Vorstellungskraft begründet.

Anders als die Pferde, die Falken, die Hunde können wir uns ausmalen, was alles auf uns zukommen kann. Was auf uns zukommt, was bedrohlich aussieht, was uns ängstigt, macht uns Sorgen, natürlich.

Ungewöhnlich, irritierend, provozierend dagegen ist dieses andere Lied, dieses Jesuslied: „Sorgt euch nicht"

Was soll das? Warum/worum müsste man sich nicht sorgen und wie sollte das gehen, letztlich sorglos zu leben?

1. Jesus singt dieses Lied gegen das Kreisen um sich selbst: „Sorgt nicht um euer Leben, um Essen, Trinken, Kleidung… ist das Leben nicht mehr als die Nahrung und der Leib mehr als die Kleidung?"

So als sähe er die überladenen Lebensmitteltheken und die überfüllten Kleiderschränke, sagt er: kümmert euch doch nicht mit so viel Energie um diese Dinge des täglichen Lebens, messt ihnen nicht mehr Bedeutung bei, als es nötig ist!

2. Für einen Ausblick auf die Weite der Welt singt Jesus dieses Lied: Wie um die Blicke wegzulenken von dem allzu engen Kreisen um sich selbst, wie um die Köpfe hochzuziehen, zeigt er seinen Zuhörern das, was sie umgibt. Und das klingt fast so:

„Seht die Vögel unter dem Himmel an: sie säen nicht, sie ernten nicht, sie sammeln nicht in ihre Scheunen, und euer himmlischer Vater ernährt sie doch.

Schaut die Lilien auf dem Felde – wie sie wachsen, sie arbeiten und spinnen nicht, und Gott hat sie herrlicher gekleidet als Salomo in aller seiner Herrlichkeit."

Ein Loblied auf den fürsorglichen, himmlischen Vater, stimmt Jesus an, der für seine Kreatur bestens sorgt, bei Vögeln und Blumen abgeguckt, was für seine Lieblingsgeschöpfe doch allemal gelten soll.

3. Hat das Lied eine Chance, gegen unsere Sorgen und Ängste anzukommen? Trägt es, wenn uns nicht „nur" die Sorge um Essen und Trinken, Kleidung und Heizung, sondern die große Sorge um Gesundheit und um die Spanne unseres Lebens selbst bewegt?

Hier möchte ich an St. Hubertus erinnern, genauer an die Zeit, bevor er die Auszeichnung „ST. = Heiliger Hubertus" verdient hatte: Hubertus, ein angesehener Adliger am Hof in Metz war kurze Zeit glücklich verheiratet mit der Tochter des Grafen aus Löwen, solange, bis er seine geliebte Frau verlor, die bei der Geburt zusammen mit dem freudig erwarteten Kind starb! Wer könnte ihm Wut und Trauer verdenken? Auch die Wut auf Gott und die Welt!

Wahrscheinlich war es soweit, dass sein Glaube an Gott auf der Strecke geblieben wäre!

Unglücklich suchte er Ablenkung und Vergessen beim Jagen. Selber durch den Tod der Frau tief verletzt, verletzte er nun seinerseits die Regeln des Anstandes und der Pietät. Sogar am Karfreitag, am Todestag des Herrn, zog er zum Jagen los.

Wie er mit seiner Meute durch die Wälder streift, hat er plötzlich einen mächtigen Hirsch vor sich. Als der gestreckt vor ihm liegt, – ist es Freude, Stolz, Mitleid und Trauer, die ihn bewegt haben mag? – erscheint ihm zwischen den Stangen des Geweihes das Christus-Kreuz im Strahlenkranz. Und er hört eine Stimme, die ihn meint: „Hubertus, ich erlöste dich und dennoch verfolgst du mich?" Gerade da, wo Hubertus am weitesten entfernt scheint vom Vertrauen auf Gott, wo seine Trauer über den Tod der Frau, und wohl auch seine Sorge um die eigene Sterblichkeit ihn an den Rand des Glaubens geschleudert haben, erlebt er eine Gottesbegegnung der besonderen Art. In der Wildnis wird er wieder gewiss, dass es einen Gott gibt, der ihn beachtet und herausruft aus dem vor Gram und Sorge verwilderten Leben.

Jetzt kommt eine neue Melodie in sein Leben hinein. So anders, dass er sich total umkrempelt und ein Kirchenmann wird. Er hört auf, dauernd um sich zu kreisen, wird frei von Gram und Sorge und kann sogar frei werden, andere und ihre Sorgen zu sehen, für andere zu sorgen.

Einige Zeit später ist er sogar als ein Heiliger verehrt worden. Als Schutzpatron bleibt er beliebt bei Ihnen, den Jägern, Förstern, Metzgern und Kürschnern, allen die mit der Jägerei verbunden sind, und als Jagdpatron wird er auch für die Hunde als zuständig erklärt! Ich hoffe, dass mein Hund von diesem guten Einfluss etwas mitbekommt, er kann es gebrauchen!

Heilige können auch uns Evangelische Bewunderung abnötigen und mit ihrem Leben ein Beispiel für Glaubenswege sein.

Der Moment der Wende ist vor allem spannend, und der Grund dazu interessant: Urplötzlich, in Gottvergessenheit, wird Hubertus gewahr, dass Gott ihn nicht aus den Augen gelassen hat.

Und ab da kann landen, was Jesus empfiehlt: Sorge dich nicht, du kannst deinem Leben sowieso keine Spanne Zeit hinzusetzen. Gott der himmlische Vater sorgt für dich, sei frei von der Sorge um dich, schau dich um, sei offen für das, was auf dich zukommt, erwartungsvoll. Und: gehe auf das zu, was wirklich wichtig ist und dem Leben dient: „Trachte zuerst nach dem Reich Gottes und nach Gerechtigkeit" – und der Bewahrung dieser Welt, könnte man hier hinzufügen. Was St. Hubertus bei dieser Begegnung mit dem Gekreuzigten und Auferstandenen begriffen und ergriffen hat, ist die Botschaft: Sorge nicht um dich selbst, für dich habe ich gesorgt, sei fürsorglich gegenüber deinen Mitgeschöpfen.

Und für uns nun – wie können wir lernen, sorglos zu leben?

Jesus fängt beim ganz alltäglichen an. Er bietet Einübung in Spiritualität an:

1. einzelne Schritte im Gottvertrauen gehen; nicht rennen, nicht zuviel auf einmal, nicht möglichst alles aus eige-

ner Kraft schaffen wollen … Seine Alternative: Sorgt nicht für morgen, denn der morgige Tag wird für das Seine sorgen.

2. Jeden Tag gelassen angehen, im Vertrauen auf Gottes Nähe und Hilfe sich nur den Anforderungen von heute stellen!

Und was, wenn die Sorgen sich dennoch wie Gewitterwolken häufen?

Dann 3. gibt es einen erstaunlichen Vorschlag, der von Luther kommen könnte: drüber Lachen! Denn das geht nicht! Sich sorgen und gleichzeitig lachen!

Und was sich nicht dem nächsten Tag zuordnen und auch nicht weglachen lässt, kann man 4. beten: im Gebet an Gott herantragen. Auch so sortiert sich, was bedeutsam ist, und was getrost als erledigt gelten kann.

Sorget nicht: kleine Übungen in ein Leben, das sich nicht verzettelt, sondern aus dem Vertrauen auf den großen Gott schöpft. Der Garten, die Pflanzen, die Tiere sind und bleiben uns das schönste Bild für den fürsorglichen, lebendigen, schöpferischen Gott. Ihm gilt jetzt das Sanctus, das wir von den Parforcehornbläsern hören. Amen.

(Superintendentin Ingrid Sobottka-Wermke, Winsen/L.)

PARFORCEHORNBLÄSER
Sanctus und Hymnus an St. Hubertus

Fürbitten

„Herr, Du hast uns Deine Botschaft anvertraut
und wir haben erkannt, dass Du der Herr aller Welten bist,
dass Du die Erde und das Universum
und alles, was in ihm ist, hervorgebracht hast,
dass alles von Dir ausgeht
und dass alles zu Dir zurückkehrt.

Wir haben Dich als den Einen Gott erkannt
und damit als den Herrn aller Menschen,
gleich welcher Religion, Rasse, Hautfarbe,
Sprachgemeinschaft oder Nationalität.
Wir glauben daher fest daran,
dass Dein Heilswille alle Menschen umfasst.

Herr, Du hast uns zu Deinen Statthaltern berufen
und uns damit von der Herrschaft des Menschen
über den Menschen befreit.
Wir haben erkannt,
dass wir frei sind in unserem Angewiesensein auf Dich.

Herr, Du hast uns zu Deinen Stellvertretern
in Deiner Schöpfung eingesetzt
und damit die Verantwortung für diese Erde und alles,
was in und auf ihr lebt, anvertraut:
für die Tiere, die Vögel unter dem Himmel,
für die Schätze der Natur,
die Pflanzen, die Wälder, für das Wasser und für die Luft,
die wir atmen.

Du hast an unserem Schöpfungstage
Vertrauen in uns gesetzt,
Vertrauen darauf, dass wir nicht Unheil auf Erden stiften,
nachdem Du sie heil gemacht hast.
Du hast uns das Zeichen Deines Heils aufgedrückt
und uns dadurch zu Friedensstiftern gerufen,
der Zerstörung abgewandt.

Herr, Du hast uns den geraden Weg
zu lebendigen Wassern gewiesen
und uns geboten, nach Frieden zu streben:
Frieden mit Dir, Frieden mit uns selbst,
Frieden mit all unseren Familien,
Frieden mit unseren Nachbarn,
mit allen Menschen und mit der Natur,
die Du uns anvertraut hast.

Gib uns, o Herr, daher den Mut und die Kraft,
unserer Berufung treu zu bleiben.

Herr, wir sind gewiss, dass Du uns an Deinem Ewigen Tage
nach all dem fragen wirst:
wo ist die Erde, wo sind die Tiere und wo die Pflanzen,
wo sind die Menschen, die Du um Meinetwillen geliebt hast?
Gib, o Herr, dass wir dann
nicht beschämt vor Dir stehen müssen,
sondern uns Deiner Liebe freuen dürfen!

Gelobt sei Dein Heiliger Name.
Amen."[28]

PARFORCEHORNBLÄSER
    Glocken und Agnus Dei

LIED
    Großer Gott, wie loben dich (EG 331)

VATER UNSER

PARFORCEHORNBLÄSER
    Angelus

Segen

Es segne und behüte euch
der barmherzige Gott,
der Vater und der Sohn und der Heilige Geist.
Gehet hin in Frieden. Amen.

28 Abdullah, Gott, 78f.

PARFORCEHORNBLÄSER
Bon Repos

JAGDHORNBLÄSER
Auf Wiedersehen

Quellenverzeichnis

Bibelübersetzungen

Die Bibel nach der Übersetzung Martin Luthers in der revidierten Fassung von 1984.
Die Bibel in heutigem Deutsch. Die Gute Nachricht des Alten und Neuen Testaments von 1982.

Literatur

ABDULLAH, MUHAMMAD SALIM, in: M. Bauschke/W. Homolka/R. Müller (Hg.), Gemeinsam vor *Gott.* Gebete aus Judentum, Christentum und Islam, Gütersloh 2004. © Muhammad Salim Abdullah.

BINGEN, HILDEGARD VON, *Lieder.* © Otto Müller Verlag, Salzburg ²1992.

ECKARD, IRMINTRAUD F., Gönne dir ein *Verweilen,* Gütersloh 2002. © Irmintraud Teuwisse–Eckard.

HESSE, HERMANN, Sämtliche Werke. Herausgegeben von Volker Michels. Band 11: *Bäume.* Autobiographische Schriften I. © Suhrkamp Verlag, Frankfurt am Main 2003.

HORTON, PETER, Pflaumen im *Apfelhimmel,* Stuttgart 2001. © Peter Horton.

JUNG, HERBERT, in: G. Schwikart (Hg.), *Gesegnet* sollst du sein. Segensgebete für Seelsorge und Gottesdienst. © Verlag Herder, Freiburg im Breisgau 2008.

KALÉKO, MASCHA, Das lyrische *Stenogrammheft.* Kleines Lesebuch für Große. © Rowohlt Verlag GmbH, Hamburg 1990.

KIRCHLICHER DIENST AUF DEM LANDE, in: Haus kirchlicher Dienste der Ev.-luth. Landeskirche Hannovers (Hg.), Alles Gute kommt nach oben. Arbeitshilfe zum *Erntedankfest* 2004.

KLEIST, HEINRICH VON, Über das *Marionettentheater.* Aufsätze und Anekdoten, Frankfurt am Main 1980.

KUNZE, HEINZ-RUDOLF, *Live* von Ganz Oben – Die Pfingstgeschichte. © Heinz-Rudolf Kunze.

MULTHAUPT, HERMANN, Möge der *Wind* immer in deinem Rücken sein. Alte irische Segenswünsche. © Bergmoser + Höller Verlag AG, Aachen [20]1999.

NOOTEBOOM, CEES, *Allerseelen.* Roman. Aus dem Niederländischen von Helga van Beuningen. © der deutschsprachigen Ausgabe Suhrkamp Verlag, Frankfurt am Main 1999.

NOWAK-NEUBERT, ANITA, in: B. Müller (Hg.), Heft 72: *Segensworte* und Segensgesten. Materialhefte der Beratungsstelle für Gestaltung, Frankfurt am Main 1994.

PROBST, FABIAN, Der *Apfelbaum.* © Fabian Probst.

RINSER, LUISE, *Winterfrühling.* Tagebücher 1979–1982. © S. Fischer Verlag GmbH, Frankfurt am Main 1982.

SILESIUS, ANGELUS, Der Cherubinische *Wandersmann,* Zürich 1979.

STÄHLI, VRONI, in: Internet-Publikation der *Liturgiekommission* der evangelisch-reformierten Kirchen der deutschsprachigen Schweiz, 2005.

THEOLOGE AUS SCHOTTLAND, in: D. Cremer (Hg.), Sing mir das *Lied* meiner Erde, Würzburg 1978.

WATZLAWICK, PAUL, *Anleitung* zum Unglücklichsein. © Piper Verlag GmbH, München 1983.

WILLMS, WILHELM, *Mitgift** eine Gabe, mitgegeben in die Ehe. © Verlag Butzon & Bercker, Kevelaer [10]1996.

ZENETTI, LOTHAR, Die wunderbare *Zeitvermehrung.* Variationen zum Evangelium. © Sankt Ulrich Verlag/Wewel, Donauwörth [5]2000.